POWER COUPLE

WIE DU EINE ERFÜLLTE PARTNERSCHAFT LEBST

EXKLUSIVER BEZIEHUNGSRATGEBER FÜR PAARE

Pia von den Hoff

Impressum

Bibliografische Information der Deutschen Nationalbibliothek: Die Deutsche Nationalbibliothek verzeichnet diese Publikation in der Deutschen Nationalbibliografie; detaillierte bibliografische Daten sind im Internet dnb.dnb.de abrufbar.

1. Auflage

POWER COUPLE

Wie du eine erfüllte Partnerschaft lebst

Autor und Herausgeber: Pia von den Hoff / E-Mail: info@vondenhoff-coaching.com / Website: www.vondenhoff-coaching.com

Projektleitung: Ulrike Luckmann / www.ulrikeluckmann.com / AutorenCamp, München

POWER COUPLE

Wie du eine erfüllte Partnerschaft lebst

INHALT

VORWORT

Bitte trennt euch nicht!

Eine Krise ist gleichzeitig auch immer eine Chance! Wenn es in einer Partnerschaft mal turbulent wird und kriselt, ist das noch lange kein Grund, zu gehen oder sich zu trennen. Tut das bitte nicht! Ja, eine glückliche Partnerschaft will gelernt sein. Die Fähigkeit dazu bekommen wir nicht in die Wiege gelegt. Sie ist auch nicht automatisch da, wenn wir uns in diesem magischen Moment im Standesamt oder vor dem Traualtar das Jawort geben. Wir glauben, die Schmetterlinge im Bauch und das wunderbare, alles einnehmende Gefühl der Verliebtheit dauern ewig an, so intensiv und tief ist die Liebe, die wir in uns spüren. Doch genau wie im Sport oder beim Erlernen einer fremden Sprache oder eines Musikinstrumentes will auch Beziehung gelernt sein. Je mehr wir üben und trainieren, desto besser werden wir darin. Ja, und das bedeutet, ich muss mir Zeit nehmen für mich und meine(n) Partner(in)!

Eine erfüllte Partnerschaft zu leben, ist heute schwieriger denn je. Die Ansprüche an den Mann, an die Frau, an eine Ehe und Partnerschaft haben sich in den letzten Jahren stark gewandelt. Es ist anders als noch 1960, 1980 oder 1990. Junge Menschen wollen heute eine gleichberechtigte und partnerschaftliche Aufgabenteilung und sich auf Augenhöhe begegnen. Alte Rollenbilder haben ausgedient. Für junge Menschen sind die wichtigsten Kriterien zum Glücklichsein vor allem emotionale Faktoren wie die Liebe zueinander, erfüllte Sexualität und gegenseitige Freiräume. Die emotionalen Erwartungen an Ehe und Partnerschaft sind enorm gestiegen. Erfüllen sich diese Erwartungen nicht, entscheiden sich die Menschen heute sehr viel schneller zu Trennung oder Scheidung als noch vor zehn oder zwanzig Jahren. Leider ist auch hier die Welt schnelllebiger und ungeduldiger geworden.

Die Hauptprobleme, die Paare heute haben, sind Schwierigkeiten in der Kommunikation, fehlende Empathie, zu wenig Respekt und Achtsamkeit, mangelndes Vertrauen und ein Sich-auseinander-Leben. Laut neuester Zahlen aus dem Jahr 2020 des Bundesministeriums für Familie, Senioren, Frauen und Jugend wird ein Drittel der Ehen nach etwa 14 Jahren geschieden. Das muss nicht sein. Eine Scheidung ist teuer und meist nur für Rechtsanwälte ein Gewinn. Eine Scheidung tut weh, ist langwierig und endet meist im Streit. Die Kinder sind die Leidtragenden und sorgen dafür, dass der Expartner stets ein Teil unseres Lebens bleibt, ob wir wollen oder nicht. Das muss nicht sein. Eine glückliche Beziehung zu führen, können wir lernen. Warum nehmen wir uns nicht mehr Zeit für die Partnerschaft und schauen, wie wir es schaffen, genau das zu leben, was beide möchten? Was ist, wenn nicht meine Partnerin oder mein Partner schuld ist an meinem Unglücklichsein, sondern die Gründe in uns selbst liegen?

Dieses Buch kann dir helfen, eine neue Sichtweise auf deine Partnerschaft zu entwickeln und zu verstehen, wie ticken Männer, wie ticken Frauen? Und nicht zuletzt: Wie tickst du selbst? Das zu erkennen, ist ein erster hilfreicher Schritt in Richtung Glück. Du bekommst einen Einblick nicht nur in das, was ist, sondern ich zeige dir Wege, das zu bekommen, was du in deiner Beziehung wirklich leben möchtest, und zwar so, dass es dir und deinem Partner gut damit geht. Glaube mir, ich weiß, wovon ich spreche, denn ich habe alle Höhen und Tiefen in meiner Partnerschaft mitgemacht. Sie ist heute glücklich und erfüllt mich jeden Tag. Ich habe Partnerschaft gelernt. Das war nicht immer einfach. Ich bin seit 30 Jahren mit demselben Mann verheiratet und wir führen heute eine glückliche Ehe. Wie ich das geschafft habe, beschreibe ich in diesem Buch, und zwar so, dass du dir viele Impulse, Informationen und Werkzeuge daraus mitnehmen kannst.

Ich lade auch die Männer dazu ein, dieses Buch zu lesen, denn zu einer glücklichen Beziehung gehören schließlich zwei, und vielleicht hilft es auch dir, deine Partnerin besser zu verstehen. Der Einfachheit halber werde ich mich nicht strikt an das „Gendern" halten; wenn ich von „Partner" spreche, meine ich damit beide – Mann und Frau.

EINLEITUNG

„Ganz in Weiß, mit einem Blumenstrauß", so hallt es immer wieder aus meinem Radio und ich schmelze dahin. Die Wände meines kleinen Jugendzimmers sind beklebt mit großformatigen Postern aus der Jugendzeitschrift „Bravo" meines damaligen Schwarms, dem Schlagerstar Roy Black. Ja, „Mit 17 hat man noch Träume", trällert Peggy March und ich bekomme heute noch eine Gänsehaut. Viele Jahre später musste ich erfahren, dass eine Partnerschaft gar nicht so romantisch ist, wie es uns die Medien heute noch vorspielen oder wie es uns in den Märchen als Kind erzählt wird. Den Prinzen auf dem Schimmel, der dich aus deinem Elend freiküsst, und das Schneewittchen – die Schönste im ganzen Land – gibt es leider nicht.

Erschöpft vom Tag saß ich am Tisch in der großen, lichtdurchfluteten Küche unserer Altbauvilla. Ich ließ meinen Blick schweifen. Hohe Decken mit Originalstuck verziert, perfekt restaurierte Holzfenster mit Sprossen, alter Eiche-Schiffsparkettboden wunderschön aufgearbeitet – alles so, wie ich es mir immer gewünscht hatte. Mein achtjähriger, quirliger Sohn spielte zufrieden in seinem Zimmer. Ich wartete auf meinen Mann. Doch ich zerfloss vor Selbstmitleid und Wut. Was war passiert? Hatte ich doch alles erreicht, was „die Gesellschaft in meiner Kleinstadt" vorgab, was es braucht zum Glücklichsein. Ich arbeitete gerne Vollzeit als Architektin in einem Architekturbüro mit netten Kollegen und interessanten Projekten. Ich hatte den Mann, den ich immer wollte, und einen großartigen Sohn. Uns ging es gut. Wir waren ein Traumpaar – nach außen. Doch die Alltagsroutine hatte mich eingeholt. Ich fühlte mich überfordert, nicht mehr gesehen und verstanden von meinem Mann. Er ist schuld daran, dass ich unglücklich bin, dachte ich. Ich wollte wieder „Schmetterlinge in meinem Bauch" und glaubte, ein neuer Mann muss her. Ich suchte mir einen Liebhaber und wollte die Scheidung. Doch es kam anders als gedacht.

Heute bin ich meinem Mann zutiefst dankbar, dass er an unserer Familie festgehalten hat und den Weg in eine zweite Beziehung, wie ich es nenne, mit mir gemeinsam gegangen ist. Auch wenn es ihm nicht immer klar war, warum. Es ist doch alles gut. Eine Scheidung kam für ihn nicht infrage. „Eine Scheidung ist mir viel zu teuer", meinte er. „Wir haben einen Sohn. Ich habe diese Familie nicht gegründet, um sie wieder aufzugeben. Sag mir, was du willst." Wie Recht er hatte! Was wollte ich? Ich wusste es nicht mehr. Ich fühlte mich alleingelassen in meinem Dilemma. Dass es anderen Paaren genauso geht, habe ich erst viel später erfahren.

Wir suchten nach Unterstützung und Hilfe, um unsere Ehe wieder neu zu beleben, und gingen zur klassischen Eheberatung. Nachdem wir die zweite Paartherapeutin ausprobiert hatten, war uns ziemlich schnell klar, das bringt uns nicht weiter. Wir wollten nicht vertiefen, wer ist schuld? Was passiert ist, ist passiert. Wir wollten nach vorn schauen und wissen: Was können wir tun, damit unsere Beziehung wieder harmonisch und freudvoller wird? Nach fast zwei Jahren des Streitens, des Schweigens und des Unzufriedenseins nahm ich an einem Seminar teil, dass meine damalige Welt auf den Kopf stellte. „How to Talk to Men". Coaching und Persönlichkeitsentwicklung waren damals, 2003, noch ziemliche Fremdwörter für mich. Auch in Deutschland. Zum ersten Mal hörte ich etwas über die Unterschiede von Frau und Mann, deren Verhalten und deren Kommunikation. Die Werkzeuge, die ich erlernen durfte, zeigten mir, wie ich von meinem Mann das bekomme, was ich möchte, so dass es uns beiden damit gut geht. Und ja – du kannst deine Beziehung retten. Und ja – ein Seitensprung ist kein Grund zur Trennung, sondern eine riesengroße Chance für einen Neuanfang. Ich merkte: Erst wenn ich so richtig wütend bin, werde ich etwas ändern.

Nunmehr gebe ich selbst seit 15 Jahren Seminare zu dem Thema „How to Talk to Men". Mein größtes Anliegen ist es, Frauen und Männer zu unterstützen, die wirklich wissen möchten: Wie führe ich eine erfüllte Partnerschaft? Noch immer stolpern Paare in eine Beziehung, ohne zu wissen, wie man eine glückliche und erfüllte Partnerschaft führt und hält – genauso wie ich vor fast 20 Jahren.

Es gibt Millionen von Beziehungsratgebern – meist sogar von Männern –, was zeigt, wie aktuell dieses Thema ist. Veit Lindau schreibt in seinem Buch „Königin und Samurai": „Der Konflikt zwischen Mann und Frau, zwischen männlich und weiblich, ist die Wurzel aller Kriege. Wenn sich diese Urkräfte bekämpfen, können sie einander nicht erkennen. Wenn sie sich nicht erkennen, können sie sich nicht achten und lieben. Dann blockieren sie sich gegenseitig, anstatt sich miteinander emporzuschwingen. Sie blockieren unsere persönliche Reifung. Sie blockieren die menschliche Evolution. Anstatt fruchtbar zu co-kreieren, suchen sie nach Wegen, den Gegenpol zu dominieren. Was dabei herauskommt, haben uns mehrere Tausend Jahre Patriarchat schmerzhaft aufgezeigt. Das übermächtige männliche Prinzip – ohne einen ebenbürtigen, reifen, weiblichen Gegenpol – erobert, unterdrückt und beutet aus. Wenn wir so weitermachen, verbrennen wir unsere Lebensräume und beenden das Experiment Menschheit. Daraus zu schlussfolgern ‚Jetzt ist die Frau dran', ist zu eng gedacht. Jetzt sind WIR dran. Mann und Frau – in einem co-kreativen Gestaltungsprozess. Die Herausforderungen, die vor dir liegen, wirst du nur gut bewältigen, wenn Mann und Frau in dir Frieden schließen. Wenn Männer und Frauen in allen Bereichen unserer Gesellschaft beginnen, einander wahrhaft zuzuhören, werden wir einen Mythos wahrmachen. Wir werden miteinander das Paradies erschaffen."

Welche beeindruckenden Worte! Deshalb dieses Buch. Dies ist mein persönlicher Ratgeber. Wir waren nie so frei wie heute und doch leben wir in einer schnelllebigen Zeit mit immensem Einfluss von außen. Die Beziehungsprobleme nehmen zu. Die Veränderung der Rollen von Mann und Frau führen zu Überforderung. Statt unserer Leidenschaft und Neugier zu folgen, versuchen wir Frauen die perfekte Tochter, Hausfrau und Mutter zu sein, in der Ehe die liebevolle und leidenschaftliche Partnerin und im Business die erfolgreiche Karrierefrau. Auch die Männer versuchen den neuen Erwartungen gerecht zu werden. Erfolgreicher Karrieremann und Versorger, verständnisvoller Vater und Ehemann, Unterstützer im Haushalt.

In keiner Schule oder Uni lernen wir: Wie führe ich eine anhaltende, glückliche Beziehung? Um Arzt zu werden, studieren wir zehn Jahre. Wo lernen wir Partnerschaft?

99 % der Menschen verletzen sich gegenseitig und ziehen sich gegenseitig runter. Du kannst es in ihren Gesichtern, an ihrer Körperhaltung, an ihrer Gesundheit, an ihrer finanziellen Situation und an ihrem Unglücklichsein sehen. Eine Harvard-Studie hat gezeigt, dass gute Beziehungen uns glücklich und gesund durchs Leben gehen lassen. Es ist nicht das Geld oder der Ruhm, was wirklich zählt. Es kommt nicht auf die Menge der Beziehungen an, sondern auf die Qualität. Gute soziale Kontakte zur Familie, zu Freunden und zur Gemeinschaft halten uns im Alter gesund. Einsamkeit bringt uns um.

Wir alle wissen das und trotzdem tun wir uns so schwer – warum? Wie viel investierst du in deine Partnerschaft?

Übung: **Das Rad der Lebensqualität**

Ich lade dich herzlich zu dieser Übung ein. Sie zeigt dir deinen Istzustand bzw. wo du etwas für dich tun solltest. Mach die Übung gerne für dich oder auch mit deinem Partner. Dann sprecht darüber.

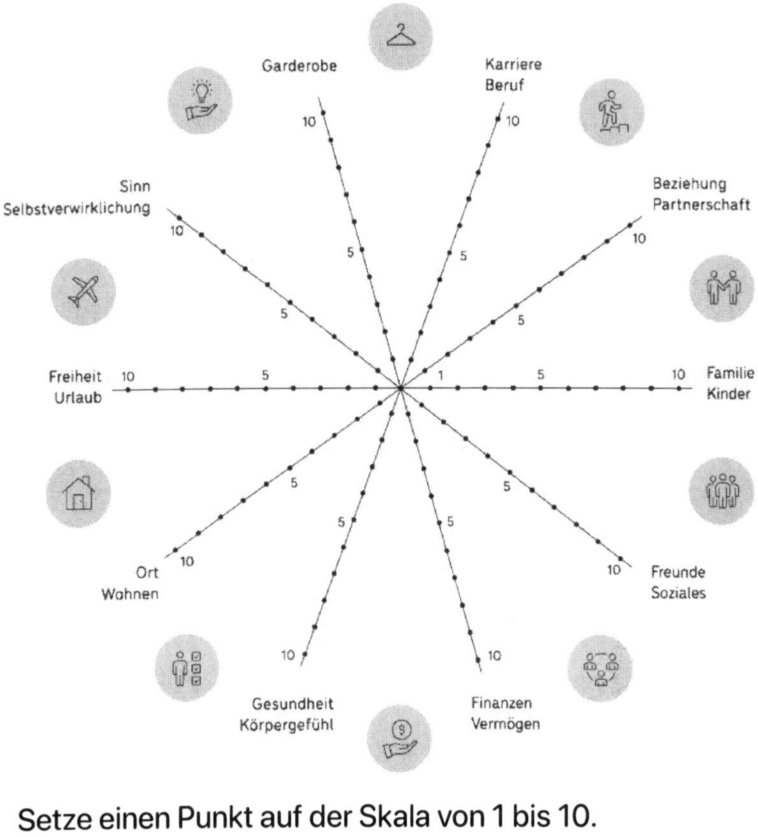

Setze einen Punkt auf der Skala von 1 bis 10.

Wie sehr bist du in welchem Lebensbereich zufrieden? 0 heißt: „gar nicht zufrieden" und 10 heißt: „es könnte nicht besser sein". Verbinde die gesetzten Punkte miteinander. Es entsteht ein Rad. Ist dieses Rad rund oder hat es Dellen? Das Bild zeigt dir sehr schön, in welchen Bereichen es gut läuft und wo es Herausforderungen gibt. Vergleiche es mit dem Rad deines Partners. Gibt es Unterschiede? Wenn ja, welche?

ISTZUSTAND MEINER LEBENSSITUATION:

Gesundheit/Körpergefühl:

Karriere/Beruf:

Familie/Kinder:

Freunde/Soziales:

Beziehung/Partnerschaft:

Sinn/Selbstverwirklichung:

Finanzen/Vermögen:

Wohnen/Ort:

Freizeit/Urlaub:

Garderobe:

Bemerkungen:

Das Geheimnis glücklicher Paare:

1. Jeder ist verantwortlich für sein eigenes Glücklichsein.

2. Unser(e) Partner(in) kann uns nicht glücklich machen, aber glücklicher.

3. Was braucht mein(e) Partner(in) und nicht, was denke ich, was sie/er braucht?

FRAUEN TICKEN ANDERS, MÄNNER AUCH

Das Thema „Wie ticken Frauen und wie ticken Männer?" hat mich seit meinem ersten „How to Talk to Men"-Seminar 2003 nicht mehr losgelassen. Es hat meine Beziehung nicht nur zu meinem Mann, sondern auch zu meinem Sohn, zu Männern in meinem beruflichen Umfeld sowie auch zu Frauen wesentlich verändert. Ich finde es unglaublich spannend, Menschen zu beobachten und dabei immer wieder festzustellen, dass sich verschiedene Verhaltensweisen wie ein roter Faden in Beziehungen durchziehen – nicht nur bei Männern, sondern auch bei uns Frauen. Die gute Nachricht ist: Wenn ich mir der Unterschiede in der Kommunikation und in der Verhaltensweisen von

Mann und Frau bewusst bin, kommt es nicht mehr so häufig zu Missverständnissen und Konflikten.

Frauen sind anders, Männer auch – oder nicht? Nicht erst seitdem die „Gender Studies" ins Leben gerufen wurden, befassen sich die unterschiedlichsten Wissenschaftler, wie Neurologen, Psychologen und Soziologen, intensiv mit dem kleinen Unterschied. Gibt es ihn? Wenn ja, woher kommt er? Sind die Gehirne von Mann und Frau unterschiedlich strukturiert? Oder liegt es an der Verbindung der rechten und der linken Gehirnhälfte? Oder an den Hormonen? Ist der Unterschied angeboren oder anerzogen? Oder, oder, oder... Vielleicht hast du schon mal von dem Buch „Männer sind vom Mars, Frauen von der Venus" gehört. John Gray, ein amerikanischer Autor, hat damit bereits vor 20 Jahren einen Bestseller gelandet, und das ist er bis heute. John führt den Unterschied auf die Hormone zurück – Testosteron und Östrogen.

2017 hat er sein neues Buch „Beyond Mars and Venus" veröffentlicht. Darin beschreibt er die Rollenveränderung von Frau und Mann in der heutigen Zeit. Wie Frauen heute zu sehr ihre männliche Seite leben und Männer mehr und mehr in die weibliche Seite rutschen. Er gibt zahlreiche Tipps, wie die Balance zwischen diesen beiden Seiten wiederhergestellt werden kann und auch sollte. Es ist wichtiger denn je, die Sprache des anderen zu lernen, um eine lebenslange Partnerschaft aufzubauen. Sehr zu empfehlen.

Auf YouTube gibt es ein lustiges Video zu sehen: „Men's Brain – Women's Brain" von Mark Gunnor, einem amerikanischen Pfarrer und Komiker. Sein Ansatz ist der unterschiedliche Aufbau der Gehirne von Mann und Frau bzw. die Verbindung der beiden Gehirnhälften: Zwei Köpfe, der von einer Frau und der von einem Mann, stehen auf einer großen Bühne. Er vergleicht unser Hirn mit einem Schubladenschrank mit mehreren Schubladen. In jeder Schublade befindet sich ein Thema, mit dem wir uns beschäftigen. Die Kinder, der Job, die Eltern, und, und, und ... Wir Frauen haben stets alle Schubladen geöffnet. Mehrere Themen schwirren stets gleichzeitig in unserem Hirn. Kommt dir das bekannt vor? Männer haben auch diese Schubladen. Ihre Themen sind vielleicht etwas anders. Der Unterschied ist jedoch, bei ihnen ist immer nur eine Schublade offen. Bevor sie eine zweite Schublade öffnen, wird die erste geschlossen. Und sie haben eine Schublade, die wir Frauen nicht haben. Eine, in der nichts drin ist: die „Nothing-Box". Das ist ihre Lieblingsschublade. So können sie stundenlang am Wasser sitzen und angeln, ohne zu denken.

Ist dir das schon mal aufgefallen? Hast du deinen Partner schon mal gefragt, wenn er abends auf dem Sofa sitzt und vor sich hin starrt, „Was denkst du?" und er sagt „Nichts"? Wie kann man nur „nichts" denken?! Für uns Frauen ist das unbegreiflich.

„Das Gehirn ist eine denkbar schlechte Stelle, um nach angeborenen Unterschieden zwischen Männern und Frauen zu suchen", sagt die Psychologin Marlies Pinnow von der Ruhr-Universität Bochum. „Denn die Hirnentwicklung ist erst im frühen Erwachsenenalter abgeschlossen, manche synaptischen Verbindungen organisieren sich ein Leben lang neu. Einflüsse wie die Kultur und die elterliche Erziehung hinterlassen tiefe Spuren im Aufbau und in der Funktionsweise des Gehirns. Diese mit 100prozentiger Sicherheit vom Wirken der Erbanlagen und der Geschlechtshormone zu trennen, ist bislang unmöglich – und vielleicht wird es uns nie gelingen." „Dadurch werden aber die Vorurteile über die Geschlechter schon in jungen Jahren immer wieder verstärkt, und zwar stets in dieselbe Richtung: Männer sind mutig, erforschen Dinge und erleben Abenteuer. Frauen sind eher häuslich, pflegen Beziehungen und legen viel Wert auf Äußerlichkeiten", sagt Pinnow weiter. „Das hinterlässt bei den Kindern auf jeden Fall einen tiefen Eindruck."

Schauen wir doch mal auf diese Unterschiede. Ich möchte dir aus meiner Erfahrung erzählen. Dabei bitte ich zu beachten: Es gibt kein „richtig" und kein „falsch". Alle Menschen sind unterschiedlich, wir alle nehmen unser Umfeld unterschiedlich wahr. Im Folgenden möchte ich ein paar konkrete Beispiele aufzeigen, um dies deutlich zu machen. Vielleicht wirst du einige Parallelen in deinem eigenen Leben erkennen können.

Unterschiede zwischen Mann & Frau.

statusorientiert	← →	beziehungsorientiert
lösungsorientiert	← →	problemorientiert
fokussiert auf ein Thema	← →	hat das Ganze im Blick
Tunnelblick	← →	Panoramablick
macht eins nach dem anderen	← →	macht vieles gleichzeitig
agiert logisch	← →	agiert intuitiv
zielorientiert	← →	prozessorientiert
Rangordnung vor Inhalt	← →	keine Rangordnungsspiele
will anerkannt werden	← →	will gemocht werden
will gewinnen	← →	will, dass es allen gut geht
braucht Anerkennung & Bewunderung	← →	braucht Aufmerksamkeit & Verständnis
liebt Spiele und Regeln	← →	liebt Storytelling
spricht über Autos, Sport	← →	spricht über Beziehungen
klare Anweisungen	← →	spricht in Andeutungen
risikofreudig	← →	risikoabwägend

In uns allen schlummert eine männliche und eine weibliche Seite. Trotzdem ist es für Männer immer wieder wichtig, ihre männliche Seite zu pflegen, genauso wie es für Frauen wichtig ist, ihre weibliche Seite zu pflegen. Es gilt immer wieder, beides in Balance zu bringen. Durch unsere Berufstätigkeit bewegen wir Frauen uns oft zu sehr auf der männlichen Seite. Wir haben eine enorme To-do-Liste abzuarbeiten und viele Termine, die ohne Wenn und Aber eingehalten werden müssen. Zu Hause geht es dann weiter mit Kindern und Haushalt. Wen wundert es da noch, dass wir gestresst und genervt sind?

Statt uns Zeit für uns selbst zu nehmen, bedienen wir erst einmal die anderen – in dem Glauben, dass uns das guttut. Nein, das tut es nicht! Wir werden unzufrieden und fangen an, unseren Partner zu kritisieren und ihn für unsere Unzufriedenheit verantwortlich zu machen. Ich tue alles – und was macht er?

Wenn wir uns der Unterschiede zwischen Mann und Frau sowie auch der unterschiedlichen Bedürfnisse beider Geschlechter bewusst sind und genau hinschauen, wie mein Partner bzw. meine Partnerin tickt, dann können wir mit viel Disziplin und Geduld die Harmonie wiederherstellen.

Freut euch über eure Unterschiedlichkeit! Ihr werdet dadurch bereichert und die Welt verändert sich für beide Geschlechter zum Besseren. Unterstützt euch gegenseitig und habt Spaß miteinander!

TEIL 1 – SIE

DAS WEIBLICHE ROLLENSPIEL – FRÜHER UND HEUTE

Die Ehe bzw. die Partnerschaft zwischen Mann und Frau hat sich in den letzten 100 Jahren grundlegend verändert. Das erkennen wir, wenn wir zurückschauen, wie unsere Eltern und Großeltern ihre Partnerschaft gelebt haben. Die traditionellen Rollen – der Mann ist der „Herr im Haus" (wenn die Männer nicht gerade Kriege geführt haben), die Frau ist seine Ergebene – sind vorbei. Die Kinder mussten den Mund halten. Die Frauen gingen auf eine Haushaltsschule und lernten Kochen, Putzen und Bügeln, damit sie einen „guten" Mann bekamen, der sie versorgen konnte. Frauen, die Abitur gemacht oder ein Studium absolviert haben, waren eher eine Seltenheit. „Du heiratest ja sowieso. Du brauchst kein Abitur" war die allgemeine Haltung der Gesellschaft gegenüber den Mädchen. Genau in diese Zeit wurde ich hineingeboren. Es ist also noch gar nicht so lange her. Wir sind die erste Generation von Frauen, die frei ist. Werfen wir doch noch mal einen Blick zurück:

In dem sehr sehenswerten Film über Ottilie von Faber-Castell, der um 1900 spielt, das Zeitalter unserer Großmütter, wird gezeigt, dass Männer Frauen in der Businesswelt nicht akzeptierten. Es war eine Schande für den Mann, wenn eine Frau mehr zu sagen hatte als er. Frauen hatten zu Hause zu bleiben bei den Kindern, sonst fühlte sich der Mann schwach und unbedeutend.

Ich kann mich noch gut an die Zeit als kleines Mädchen erinnern, wenn ich in den Ferien bei meiner Lieblingsoma, der Mutter meiner Mutter, sein durfte. Zu Beginn lebten in dem kleinen Dorf noch meine Urgroßmutter und meine Urgroßtante im Haus neben meiner Oma. Einmal in der Woche war großer Waschtag. Sie hatte zwar schon eine Waschmaschine mit separater Schleuder in einem grauen, kalten Raum, doch Wäsche waschen war immer noch ziemlich zeitaufwendig. Wäsche aufhängen, abhängen, bügeln. Trockner gab es noch nicht. Bügelarme oder bügelfreie Stoffe auch noch nicht.

Meine Oma hatte einen Garten, in dem sie jeden Tag arbeitete. Sie schien es zu lieben. Ich jedenfalls liebte es, ihr dabei zu helfen. Je nach Jahreszeit wurden die verschiedensten Gemüse und Früchte geerntet, geputzt, geschnippelt, eingekocht, eingefroren. Immerhin gab es schon ein Gefrierhaus in der Gemeinde. Supermärkte, wie wir es heute kennen, überfüllt mit Nahrungsmitteln, gab es damals Anfang 1960 noch nicht. Wenn ihr Mann und ihr Sohn frische Kleider zum Anziehen hatten und ihr Hunger gestillt war, setzte sich meine Oma noch an die Nähmaschine und arbeitete in Heimarbeit für eine Textilfirma. Der Haushalt mit Kochen, Waschen, Putzen, Nähen, Kindergroßziehen füllte die Zeit der Frauen aus.

Ich war sehr gerne bei meiner Oma. Bei ihr durfte ich Dinge tun, die ich zu Hause nicht durfte, wie abends lange fernsehen. Sie hatte mich lieb, das konnte ich spüren. Später dann habe ich mitbekommen, dass eines ihrer Hauptgesprächsthemen war, sich über ihren Mann zu beschweren. Sie meckerte ständig über ihn. Er arbeitete zu wenig und brachte ihrer Meinung nach zu wenig Geld nach Hause. Ich konnte ihre Wut auf meinen Großvater spüren. Ja, viele Frauen waren damals wütend auf ihre Männer; viele sind es leider auch heute noch.

Diese Wut steckt anscheinend in uns drin. Viele Glaubenssätze bezüglich Partnerschaft oder wie Männer sind, haben wir wohl unbewusst übernommen. Heute sind wir Frauen nicht mehr abhängig von einem Mann. Doch noch immer kommt es vor, dass wir erst dann Eigenverantwortung übernehmen, wenn wir uns getrennt haben. Irgendwie machen wir immer noch die Männer für unser Unglücklichsein verantwortlich. Blicken wir noch etwas weiter zurück: Ursprünglich ging es rein ums Überleben. Männer und Frauen waren aufeinander angewiesen. Da die Frauen die Kinder bekommen, blieben sie „zu Hause", sorgten für die Kinder und ein kuscheliges Heim. Die Frauen lebten mit ihren Kindern als Gemeinschaft zusammen, schützten und unterstützten sich gegenseitig im täglichen Leben. Die Männer gingen zur Jagd. Sie waren tagelang als Team unterwegs. Nur im Team konnten sie das Mammut erledigen und nach Hause bringen als wichtige Nahrung für ihre Frauen und Kinder. Wenn sie mit ihrer Beute zurückkamen, wurden sie mächtig gefeiert und zogen dann wieder los. Die Ehe, so wie wir sie heute kennen, kam erst viel später. Die Natur hat uns mit unterschiedlichen Qualitäten und Fähigkeiten ausgestattet – dazu später mehr.

Diese klassische Rollenaufteilung steckt immer noch in uns, vorgelebt durch unser Elternhaus. Aufgewachsen bin ich in einer klassischen Vater-Mutter-Kind-Hund-Familie der Sechzigerjahre. Ich bin die Älteste von drei Geschwistern. Meine Mutter kümmerte sich um uns Kinder, Haushalt, Garten, Hund und hielt meinem Vater den Rücken frei. Mein Vater, ein freischaffender Architekt, übernahm die Rolle des Versorgers. Sein Beruf dominierte unser aller Leben. Da sein Büro in unserem Haus war, bekam ich schon früh als Kind den stressigen Alltag meines Vaters mit. Immer, wenn etwas nicht rund lief, kam er schnauzend ins Haus gelaufen und machte seinem Ärger Luft. Schon damals verzog ich mich schleunigst in irgendeine Ecke des Hauses, um seinen Zorn nicht abzubekommen. In diesem „klassischen Rollenbild" wurde ich erzogen. Ich musste im Haushalt helfen. Putzen, abtrocknen, bügeln, Gartenarbeit und kleine Nebendienste im Büro wurden selbstverständlich von mir erwartet. Von meinem Bruder nicht. „Jungs brauchen das nicht", sagte meine Mutter zu mir. Verstanden habe ich das nicht. Der Grundtenor meiner Erziehung war: Mädchen müssen lieb, leise und fleißig sein und dürfen sich nicht schmutzig machen. Als ich mit 14 meinen ersten Freund hatte, versuchte ich die ganze Woche, lieb, leise und fleißig zu sein. Wenn ich ihn am Wochenende treffen wollte und meinen Vater um Ausgang fragte, fand er immer etwas, was ich falsch gemacht hatte, und verhängte mir Ausgangssperre.

Es gab keine Erklärung dazu, sondern stets ein heftiges „Nein" und das war's. Ich verstand die Welt nicht mehr. Die Haltung meiner Eltern war: Knutschend mit einem Jungen Händchen halten und spazieren gehen, das tut man nicht als 14jähriges Mädchen! Was sollen denn die anderen Leute denken? Das war sowieso ein großes Thema bei meinen Eltern: Was denken die Leute? In dieser Kleinstadt zwischen Eifel und Mosel, in der wir wohnten, kannte fast jeder jeden. Auch in puncto Schule gab es eine klare Ansage: „Ich zahle dir deine Ausbildung, aber helfen kann ich dir nicht. Als Mädchen brauchst du eh kein Abitur, du heiratest ja sowieso." Das bekam ich zur damaligen Zeit auch von meinen Lehrern zu hören.

In der achten Klasse meinte mein Klassenlehrer auf einem Elternabend zu meiner Mutter: „Nehmen Sie das Kind von der Schule. Sie wird niemals Abitur machen." Aber das Kind schaffte das Abitur. Denn im Unterbewusstsein wollte ich aus den Zwängen meines Elternhauses schnellstens raus. Warum erzähle ich dir das? Die Prägung durch unser Elternhaus ist das, was wir als Erstes mitbekommen. Es ist in uns drin für eine lange Zeit, vielleicht sogar für immer. Das waren die Sechzigerjahre, eigentlich schon recht fortschrittlich. Seit den Fünfzigerjahren haben sich einige wichtige Dinge getan, welche die Stellung der Frau und damit auch die Situation des Mannes revolutionierten. Die elektrische Waschmaschine hielt mehr und mehr Einzug in den Haushalt und ersparte der Frau viel Zeit und Kraft.

Die Frauen hatten sich das Wahlrecht, das Recht, ein eigenes Konto zu eröffnen, einen Beruf zu ergreifen und den Führerschein zu machen, ohne ihren Mann fragen zu müssen, hart erkämpft. Die Antibabypille kam auf den Markt und hat unser aller Leben verändert. Immer mehr Frauen sind heute in der Berufswelt vertreten. Dennoch sind es nach wie vor die Männer, welche die Businesswelt beherrschen. Die Rollen von Mann und Frau haben sich stark verändert. Frauen genießen die gleiche Ausbildung wie Männer. Sie sind berufstätig und nicht mehr finanziell abhängig vom Mann. Eine neue Männlichkeit ist gefragt. Der Mann soll sich an der Kindererziehung und im Haushalt mehr beteiligen als zuvor. Er soll einfühlsam sein und zuhören. Dennoch rutschen die Kinder immer noch in die gesellschaftlichen Klischees. Jungs weinen nicht, spielen mit Autos und raufen sich. Mädchen machen sich nicht schmutzig und spielen mit Puppen „Vater – Mutter – Kind". Die Werbung weckt gezielt Bedürfnisse – das große pinkfarbene Puppenhaus für die Mädchen und der Technikbaukasten für die Jungs. Der Mann muss sich neu positionieren. Es ist eine Aufgabe für beide Geschlechter. Denn wollen wir Frauen wirklich den empathischen Mann oder immer noch den Krieger an unserer Seite haben? Das ist hier die Frage.

Was will ich beruflich, was privat, will ich eine Partnerschaft, ja oder nein, und wenn ja, was für eine? Will ich Kinder, und wenn ja, wie kriegen wir das hin? Alle diese Fragen dürfen wir Frauen und Männer uns heute stellen. Sie sind wichtiger denn je. Wir müssen lernen, die alten Prägungen der vergangenen Zeit loszulassen und uns auf Augenhöhe zu begegnen, damit wir gemeinsam wachsen können. Wir sind die erste Generation nach unseren Eltern, in der die Frau frei ist. Es gibt keine Vorbilder, weder für den Mann noch für die Frau.

DIE HERAUSFORDERUNG AUS DER SICHT DER FRAU

Eine junge Frau, nennen wir sie Birgit, sitzt in einem meiner „How-to-Talk-to-Men"-Seminare vor mir. Sie kann dem Seminarinhalt nicht wirklich folgen. Ich kann ihr ansehen, dass ihre persönliche Situation sie ziemlich aus der Bahn wirft. Sie ist den Tränen nahe. Später in der Pause spreche ich sie darauf an. Birgit arbeitet als Kinderärztin und ist frisch verheiratet. Gemeinsam mit ihrem Mann Chris hat sie sich eine schicke Eigentumswohnung in einer schönen deutschen Großstadt, nahe am Wasser, gekauft. Die beiden lieben es, zu segeln. Doch immer wieder geraten sie aneinander und sind völlig überrascht, dass das passiert. Wir lieben uns doch! Wir vereinbaren Coaching-Termine. Birgit ist es wichtig, dass Chris mit dabei ist. Es stellt sich heraus, dass Chris einen Job hat, bei dem er öfter ins Ausland muss, meist spontan und ohne genaue Aufenthaltsdauer. Aus zwei Wochen können schon mal drei werden.

Birgit hingegen ist es gewohnt, in der Klinik, in der sie arbeitet, einen klar abgestimmten Terminkalender mit Nacht- und Wochenenddiensten zu haben. Durch Chris' ständige Terminänderungen kommt es bei den beiden oft zu einem heftigen Streit. Sie wirft ihm vor, sie könne seinetwegen nichts richtig planen und er könne sich in der Firma nicht durchsetzen. Birgit hatte sich ihr gemeinsames Leben anders vorgestellt. Die ursprüngliche Planung war, dass er abends zu Hause ist bzw. dass die Terminplanung abgestimmt und eingehalten wird. Er sitzt zwischen zwei Stühlen. Auf der einen Seite kann er sich seinem Arbeitgeber nicht widersetzen. Die Auslandsreisen gehören nun mal zu seinem Job. Auf der anderen Seite will er seine Frau nicht unglücklich machen. Ihr plötzliches Aufbrausen kann er nicht verstehen, geschweige denn damit umgehen.

Es war sehr gut, dass sich die beiden Unterstützung von mir geholt haben. Denn nirgendwo lernen wir, wie eine harmonische Partnerschaft funktioniert und welchen Einfluss äußere Umstände auf unsere Beziehung haben können. Nach unseren gemeinsamen Gesprächen war es mir wichtig, jeweils einzeln mit den beiden zu sprechen. Ich treffe mich mit Chris zum Mittagessen. Ein junger sympathischer Mann sitzt vor mir, er kann die Gefühlsausbrüche seiner Frau nicht nachvollziehen. „Meine Projekte sind nun mal im Ausland. Auf die Termine und die unbestimmten Zeitfenster habe ich keinen Einfluss. Warum versteht sie das nicht?“, sieht er mich ratlos an. Ich versuche ihm zu erklären, dass Birgit eine sehr emotionale Frau ist und über ihre Bedürfnisse und Gefühle reden möchte. Sie will gehört werden. Es ist wichtig, dass die beiden einander Wertschätzung zeigen und darauf achten, dass ihre Bedürfnisse frühzeitig bedient werden, damit es nicht zu solchen impulsiven Gefühlsausbrüchen kommt. Außerdem darf Chris diese nicht persönlich nehmen.

Es stellt sich heraus, dass auch er nicht wirklich zufrieden ist in seinem Job. Er arbeitet in einem Unternehmen, das an alten Traditionen festhält. Viele Forderungen und keine Anerkennung. Was brauchen unsere Mitarbeiter, um motiviert zur Arbeit zu kommen? Fehlanzeige! Die Auslandsreisen nerven auch ihn. Wir kommen zu dem Ergebnis, dass er sich nach einem anderen Job umschaut, was allerdings mit einem Umzug verbunden sein wird. Auch mit Birgit spreche ich allein und versuche ihr zu erklären, dass ihr Mann eine andere Sichtweise auf die Dinge hat. Er sieht es nicht so wie sie. Was nicht heißt, dass sie ihm nicht wichtig ist. Es dauert, bis ich sie wirklich erreichen kann und sie nachvollziehen kann, dass Chris durch „seine Brille" schaut. Für sie ist es wichtig, dass sie frühzeitig ihre Bedürfnisse Chris gegenüber formuliert, bevor ihre Gefühle sie überwältigen. Ihre Erwartungshaltung, er müsste die Dinge auch so sehen wie sie, ist leider unrealistisch. Aber sie darf sagen, was sie braucht, und zwar bevor sie wütend ist. Ich empfehle den beiden, sich täglich gegenseitig drei Anerkennungen auszusprechen, am besten morgens und abends. Das richtet die Aufmerksamkeit auf das Positive. „Ich schätze an dir, mein Schatz ..." oder auch „Ich danke dir dafür, dass ..." In den Arm nehmen nicht vergessen! Und für die Themen des Tages wird ein Gesprächstermin vereinbart.

Es dauerte nicht lange und Birgit wurde schwanger. Eine neue und große Herausforderung für die Mutter und die Partnerschaft. Der neue Erdenbürger wirbelt das bisherige Leben erst mal kräftig durcheinander. Als Mutter plötzlich zu Hause, wenig Schlaf, körperliche Umstellung und die Unsicherheit, gehe ich richtig mit dem Kind um? Gerade beim ersten Kind sind viele Paare verunsichert. Auch hier mussten sich die beiden erst einmal gehörig zusammenraufen. Sie hatten sich vorgenommen, sich die Elternzeit zu teilen. Sie liebte ihren Beruf und wollte nach dem Mutterschutz wieder arbeiten gehen. Auf ihr Drängen hin schaffte er es, eine kurze Elternzeit in seiner Firma durchzusetzen, die ihm gesetzlich zustand, im Traditionsunternehmen allerdings nicht gern gesehen wurde.

Es kam das zweite Kind und er wechselte den Job. Mit dem neuen Job zogen sie von der Stadt in eine ländlichere Gegend.

Hier hieß es, sich einzugewöhnen und herauszufinden, wie ihre beruflichen Chancen am neuen Wohnort mit zwei kleinen Kindern waren. Die Situation wurde nicht einfacher für die beiden. Er musste zwar nicht mehr ins Ausland, dennoch hatte er einen verantwortungsvollen Job und konnte nicht immer abends zeitig zu Hause sein. Eine große Herausforderung für beide, denn sie hatte eine Teilzeitstelle als Oberärztin in der nahe gelegenen Klinik angenommen. Dieser Job war mit Nacht- und Wochenenddiensten verbunden. Immer wieder gab es hitzige Diskussionen. Ich riet ihnen, so viel wie möglich Hilfe von außen anzunehmen, wie eine Haushaltshilfe und eine Kinderfrau, damit sie Zeit für ihre Kinder hätten und – ganz wichtig – damit auch jeder Zeit für sich hätte sowie auch gemeinsame Zeit als Paar.

Lebenssituationen verändern sich ständig. Das ist normal. Es ist wichtig, sich immer wieder die Zeit zu nehmen, um das aktuelle Lebensmodell zu reflektieren und ggf. zu justieren. Was brauche ich, was braucht er, was brauchen wir als Paar, was brauchen wir als Familie? Wollen wir beide Vollzeit berufstätig sein oder möchte sie oder er mehr Zeit mit den Kindern verbringen?

Die Anerkennungsrunden beim Abendessen haben sie beibehalten, auch mit den beiden Kindern. Die Kinder lieben es und fordern die Anerkennungsrunden auch für sich ein. Birgit und Chris nehmen sich regelmäßig Zeit als Paar. Sie suchen sich einen schönen Ort und jeder darf über das sprechen, was ihn bewegt, und der andere hört einfach nur zu. Heute arbeitet sie Teilzeit in einer Kinderarztpraxis, ohne Nachtdienste, um mehr Zeit für die Kinder zu haben, da er beruflich immer häufiger unterwegs ist.

Die heutige Zeit stellt eine große Herausforderung für Paare und Familien dar. Das stetig ansteigende Tempo in der digitalen Arbeitswelt und im Alltag erhöht den Druck und den Stresslevel, den die Betroffenen mit in ihre Beziehung bringen. Bedingt durch Überforderung und Müdigkeit entstehen oft Auseinandersetzungen, die nicht wirklich sein müssten. Ich selbst habe für damalige Verhältnisse spät geheiratet, mit 34 Jahren. Meine Mutter sagte öfter zu mir: „Du machst es richtig. Du verdienst dein eigenes Geld und bist unabhängig." Ein anderes Mal sagte sie: „Du wirst noch mal als alte Jungfer enden." Für sie war es schwer zu sehen, dass ich einen Weg einschlagen konnte, der ihr verwehrt war. Ja, ich wollte frei und unabhängig sein. Ich liebte meinen Beruf als Architektin.

Ich arbeitete in einer größeren Stadt bei einem internationalen Unternehmen. Und dennoch, ich weiß nicht, was es war, vielleicht die innere biologische Uhr? Mit Anfang 30 überlegte ich mir dann doch, wie geht es weiter? Was willst du? Karriere oder Kinder und Familie? Alles unterbewusst. Ja, ich wollte Kinder, eine Familie und einen Mann, der für das Grundeinkommen der Familie sorgen kann. Mich als Architektin selbstständig zu machen oder gar das Büro meines Vaters zu übernehmen, kam für mich damals nicht infrage. Mein Vater hatte mir vorgelebt, wie wenig Zeit er für die Familie hatte. Das wollte ich anders machen.

Also machte ich mich auf die Suche. Was für einen Mann will ich? Auch wieder unbewusst, suchte ich mir den Businessmann, der morgens in Anzug und Krawatte – damals – das Haus verlässt. Früh habe ich gelernt, alles allein und möglichst perfekt zu machen. Mein Vater hatte es von mir verlangt in den zehn Jahren, die ich bei ihm im Büro gearbeitet habe. Zudem war es in den Achtzigerjahren noch sehr ungewöhnlich, dass Frauen als Architektinnen auf den Baustellen unterwegs waren. Hinzu kam, dass ich mich in meiner Ehe gleich zu Beginn an die Wochenendehe gewöhnen musste. Mein Mann musste einen Job außerhalb annehmen.

Die große Herausforderung für uns Frauen ist noch immer, dass wir versuchen, die Erwartungshaltungen und Programme unseres Umfelds und der Gesellschaft zu bedienen. Dabei ist es egal, was wir tun, es ist nie gut genug. Wichtig ist, was ist gut für mich? Heutzutage sind die Grundbedürfnisse Essen, Trinken, Schlafen sowie die Sicherheitsbedürfnisse – materielle und berufliche Sicherheit sowie ein Dach über dem Kopf – meist erfüllt. Die Frau braucht den Mann nicht mehr, um diese Bedürfnisse zu gewährleisten. Die Erwartungen an den Mann steigen. Frauen wollen gesehen, gehört und verstanden werden. Sie wollen, dass ihre Männer sie glücklich machen. Doch wo lernen wir, unsere Bedürfnisse klar zu kommunizieren, ohne zu jammern und zu kritisieren? Wo lernen wir, die unterschiedlichen Bedürfnisse des Partners zu erkennen und sie anzunehmen? Bei unterschiedlichen Meinungen gemeinsame Entscheidungen zu treffen? Paar-Zeit zu planen? Warum haben Frauen das Gefühl, sie geben viel und kriegen wenig zurück? Warum haben Männer das Gefühl, sie geben alles und es reicht nie?

In den letzten Jahrzehnten mussten wir Frauen für die Gleichberechtigung kämpfen. Die Emanzipation und der Feminismus haben viele Verbesserungen gebracht. Doch in meinen Augen sind wir dadurch auch härter geworden. Wir wollen es den

Männern gleichtun – ja sogar besser sein als sie. Das gefällt Männern nicht. Und uns Frauen tut es nicht gut, da wir zu sehr auf unserer männlichen Seite sind und vergessen, unsere weibliche Seite zu nähren.

Ich bin froh, älter zu sein. Ich habe Falten. Die Figur ist auch nicht mehr so knackig. Aber, und das ist so cool, ich muss mich nach keinem Modetrend mehr richten, um irgendjemand zu gefallen. Ich kann andere Frauen so lassen, wie sie sind, und muss nicht mehr mit ihnen in Konkurrenz gehen. Im Gegenteil, ich finde die Unterschiedlichkeit spannend. Ich kann mehr und mehr „ich selbst" sein. Und habe gelernt, meinen Mann so anzunehmen, wie er ist. Ich möchte gerne die weisen Worte von Meryl Streep, einer bekannten amerikanischen Schauspielerin, die heute 72 Jahre alt ist, mit euch teilen: „Ich habe keine Geduld mehr für bestimmte Dinge. Nicht weil ich arrogant geworden bin, sondern einfach nur, weil ich einen Punkt in meinem Leben erreicht habe, an dem ich keine Zeit mehr mit dem, was mir missfällt oder mir wehtut, verschwenden will. Ich habe keine Geduld mehr für Zynismus, für übertriebene Kritik und Forderungen jeder Art. Ich habe den Willen verloren, denen zu gefallen, die mich nicht mögen, die zu lieben, die mich nicht lieben, und die anzulächeln, die mich nicht anlachen wollen.

Ich verschwende keine einzige Minute mehr an die, die lügen und manipulieren. Ich habe mich entschlossen, nicht mehr mit Verstellung, Heuchelei, Unehrlichkeit und billigem Lob zu koexistieren. Ich toleriere weder selektive Gelehrsamkeit noch akademische Arroganz. Ich werde mich auch nie an den so beliebten Klatsch gewöhnen. Ich hasse Konflikte und Vergleiche. Ich glaube an eine Welt der Gegensätze und darum vermeide ich Menschen mit starren und unflexiblen Persönlichkeiten. In Freundschaften mag ich Mangel an Loyalität und Verrat nicht. Ich komme nicht klar mit solchen, die keine Komplimente oder ein Wort der Ermutigung geben können. Übertreibungen langweilen mich und ich habe Schwierigkeiten, Menschen zu akzeptieren, die keine Tiere mögen. Und obendrein habe ich keine Geduld für alle, die meine Geduld nicht verdienen."

Warum muss man erst 72 Jahre alt werden, um sich zu trauen, diese Einstellung zu leben?

WIE TICKEN FRAUEN - QUALITÄTEN UND STÄRKEN

Warum ist SIE so, wie sie ist? Warum hat SIE bestimmte Fähigkeiten, die ER nicht hat? Ich möchte es noch einmal erwähnen: Es gibt kein „richtig" und kein „falsch". Jeder Mensch – ob Mann oder Frau – ist anders. Schau doch mal genau hin, vielleicht kannst du ja in Bezug auf dich und deinen Partner einige Parallelen ziehen. Mir hat es in meiner Krise jedenfalls sehr geholfen, von diesen unterschiedlichen Qualitäten und den daraus resultierenden Verhaltensweisen von Mann und Frau zu erfahren. Auf einmal wurde mir klar, warum er viele Dinge, die ich sehe und spüre, nicht sehen kann. Distanziere dich von deiner Erwartungshaltung und der frustrierenden Frage: Warum versteht er mich nicht? – Tut er nicht, weil er anders tickt, und nicht, weil er nicht will. Das macht einen großen Unterschied. Wenn ich mir das einmal bewusst mache, dann ist es sogar wunderbar, dass wir so unterschiedlich sind und einander ergänzen können.

Wir Frauen haben den „Panoramablick". Wisst ihr, was ich meine? Manchmal hasse ich diese Fähigkeit, weil sie zu vielen Konflikten oder auch zu innerer Unruhe führt.

Meist haben wir Frauen viele Themen gleichzeitig im Kopf. Unser Gedankenkarussell dreht sich um Kinder, Mann, Haushalt und Job, vielleicht auch noch um Eltern, Schwiegereltern, die Freundin, die gerade Stress mit ihrem Partner hat, und, und, und. Genau dies alles hat damals zu meiner Krise geführt. Im Nachhinein wurde mir das klar. Da ich Vollzeit berufstätig war, plante ich bereits am Abend vorher den nächsten Tag. Welche Termine hat mein Sohn morgen, wann muss er wo sein? Wie kommt er dorthin? Sind die Hausaufgaben gemacht? Ist der Kühlschrank gefüllt? Was essen wir morgen? Welche Termine hat mein Mann morgen? Wann ist er abends zu Hause? Dann noch kurz vor dem Einschlafen die Gedanken an meinen Job. Ach ja, und hoffentlich halten morgen alle Handwerker ihre Termine ein. Haben alle alles verstanden? Was ist, wenn nicht?

Und dann noch das stets schwankende Stimmungsbarometer. Ist mein Kind gut drauf? Mit welchem Gesichtsausdruck kommt mein Mann nach Hause? Ich fühle mich in der mitleiderregenden Opferrolle: Alles hängt an mir! Mittlerweile habe ich akzeptiert: Ich bin die Familienmanagerin, weil ich diesen Panoramablick habe und mein Mann nicht. Er geht aus dem Haus und fokussiert sich voll und ganz auf seine Arbeit; es sei denn, ich trage ihm Aufgaben auf, die dann auch erledigt werden. Wichtig ist es, davon wegzukommen, alles allein und dann auch noch möglichst perfekt machen zu wollen. Irgendwie steckte das noch von meiner Mutter in mir drin. Egal was du tust: Für dich muss es passen! Für meine Mutter war ich eine Rabenmutter, die ihr kleines Kind schon früh in den Ganztagskindergarten gegeben hat. Da wird schon wieder eine Besonderheit von uns Frauen ersichtlich: Wir wollen es allen recht machen und von allen gemocht werden.

Mein Mann fragte mich immer: „Was kann ich tun?" Das ist doch eigentlich charmant, oder? In unserer Krisenzeit hat mich das aber wahnsinnig gemacht. „Warum muss ich immer alles sagen, warum sieht er nicht selbst, was getan werden muss?", habe ich mich gefragt. Für mich war das klar, für ihn nicht. Deshalb darf und muss ich ihm sagen, was ich möchte, wie ich es möchte und wann ich es möchte. Gedanken lesen kann er halt nicht. Na und? Eine Familie ist wie eine kleine Firma. Jeder hat seine Rolle. Und wenn ich möchte, dass er einkaufen geht oder kocht oder sonst etwas tun soll, dann müssen wir das abstimmen.

Es ist nicht so einfach, aus alten Mustern auszusteigen. Dazu gehören Disziplin und ein lebenslanges Training. Heute noch gibt es immer wieder diese kleinen alltäglichen Situationen, die uns herausfordern. Ich ertappe mich immer wieder dabei, alles zu kommentieren und zu korrigieren, was mein Mann sagt. Die Folge davon ist, er macht keine Vorschläge mehr, da ja sowieso alles falsch ist. – Also, was will ich? Florian Schröder, ein deutscher Kabarettist, hat dazu ein witziges kleines Buch geschrieben: „Frauen. Fast eine Liebeserklärung". Aus der Sicht der Männer schreibt er über spezielle Verhaltensweisen der Frauen. Es ist schwer, es den Frauen recht zu machen. „Zu Hause bin ich der Geschirrspülmaschinenvoreinräumer", schreibt er. Ich finde, das sagt eine ganze Menge aus.

Mein Mann und ich fahren gerne zu unserem Obst- und Gemüsemarkt in der Stadt. Wir parken in einem großen Parkhaus mit mehreren Ausgängen. Für mich ist es klar, einen Parkplatz möglichst nah an dem Ausgang zu finden, der direkt zum Markt führt, wo man gut rein- und rausfahren kann. Schließlich kaufen wir einiges ein und ich will nicht weit schleppen. Mein Mann fährt ins Parkhaus, freut sich über den ersten freien Parkplatz und parkt das Auto. Eigentlich kenne ich das ja schon. Trotzdem denke ich nicht immer daran und weise ihn darauf hin, dass es weiter vorn auch noch Parkplätze gibt. Ich gebe zu, nicht immer ohne vorwurfsvollen Unterton: „Mensch, ist doch klar, oder?!"

Und schon ist ein Streit ausgebrochen. Die Stimmung rutscht auf einen Tiefpunkt. Mist! So hab ich mir das auch nicht vorgestellt, diese miese Stimmung gefällt mir ganz und gar nicht. Schließlich will ich den Einkauf auf dem schönen Markt genießen. – Was kann ich tun, um solche Situationen zu vermeiden? Loslassen! Ist es wirklich so wichtig, so nah wie möglich am Markt zu parken? Für ihn ist es okay, wenn er ein paar Schritte mehr laufen muss, also ist es das für mich auch. Toller Nebeneffekt: Wir tun beide etwas für die Figur. Du kannst nicht damit leben? Dann mach eine humorvolle statt eine vorwurfsvolle Ansage.

Eine weitere Situation, die mir dazu einfällt, kommt beim Autofahren zustande. Auch hier muss ich mich ganz bewusst zurückhalten. Es ist viel Verkehr auf der Straße – Stop-and-go, Stop-and-go ... Mein Mann, eigentlich ein sehr guter Autofahrer, ist genervt und drängelt von hinten. Obwohl die Autos vor ihm bremsen, gibt er noch Gas. Ich halte die Luft an und muss mich echt zusammenreißen, den Mund zu halten. Wenn aus mir herausplatzt: „Mann, die bremsen doch schon vor uns und du gibst noch Gas!", wird er natürlich zurückmaulen. Ich habe es also in der Hand, wie die Stimmung ist. Auch sollte ich mir immer wieder bewusst machen: Er hat den Fokus gesetzt: So schnell wie möglich ankommen.

Ein weiteres Beispiel: Ihr seid auf einem großen Fest eingeladen. Ihr betretet den Raum gemeinsam mit eurem Partner. Wir Frauen haben den Raum innerhalb von Sekunden gescannt: „Schau mal, Herr und Frau Meyer sind auch schon da!" Er: „Wo?"

Der „Panoramablick" ist auch im beruflichen Kontext sehr wertvoll. Wir bekommen sehr schnell mit, wenn bei unseren Mitarbeitern oder Kunden eine Missstimmung herrscht, und versuchen, wieder für eine gute Stimmung zu sorgen. Wir hören zu. Wir fragen: Wer braucht was? Wir bringen die Themen „Gesundheit und Ernährung" ins Unternehmen.

Wir sind gute „Leader". Wir sind vorsichtiger bei Investitionen. Wir denken in horizontalen Hierarchien. Mit den Rangordnungsspielchen der Männer können wir meist wenig anfangen. Vielleicht ist euch bei geschäftlichen Meetings schon mal aufgefallen, dass die Herren am Tisch die ersten Minuten dazu nutzen, um festzustellen, wer der Ranghöchste am Tisch ist. Als Frau kannst du dich da erst mal entspannt zurücklehnen. Wichtig ist nur, den Ranghöchsten zu erkennen. Denn an ihn solltest du dich wenden, wenn du etwas durchsetzen möchtest.

In einem Rollenspiel in einem meiner Kurse haben wir einmal solch ein Meeting „nachgespielt". Eine Teilnehmerin hatte ein wichtiges Meeting und war an sich ganz zufrieden. Trotzdem spürte sie, dass sie nicht so ganz überzeugend gewesen war. In dem Rollenspiel kam dann heraus, dass sie nicht den „Ranghöchsten", also den Geschäftsführer des Unternehmens, angesprochen hatte, sondern den Projektleiter. Warum besitzen wir Frauen diese Eigenschaften? Wir sind nun mal diejenigen, die die Kinder bekommen. Und wie bereits erwähnt, lebten wir mit unseren Kindern in Frauengemeinschaften, während die Männer zur Jagd gingen. Die Frauen mussten stets den Panoramablick eingeschaltet haben, um die Kinder, die anderen Frauen und die Umgebung im Blick zu haben, falls Gefahr drohte.

Dazu sind alle unsere fünf Sinne – hören, sehen, riechen, schmecken und fühlen – bestens geeignet. Von Natur aus sind wir Frauen mit diesen wunderbaren Eigenschaften ausgestattet. Wir fühlen mit unseren Kindern, wenn sie hingefallen sind. Wir fühlen, wenn es anderen Menschen in unserem Umfeld nicht gut geht. Und wir wollen darüber reden. Wir wollen am Leben unserer Kinder und unseres Partners teilhaben.

Schauen wir doch mal auf das weibliche Urprinzip:

- Die weibliche Energie ist erschaffend, sie bringt die Idee in die Manifestation.

- Die weibliche Energie ist diffus, sie zerfließt und strömt in die Tiefe und in die Breite, sie ist emotional und ohne Form.

- Die weibliche Energie ist schöpferisch, kreativ, Leben gebärend, aufnehmend, umwandelnd und heilend.

- Die weibliche Energie ist überfließende Liebe und dient - sich selbst.

- Das weibliche Prinzip ist Hingabe, es ist empfänglich und passiv.

WEIBLICHES VERHALTEN UNTER DER LUPE

HINTER JEDEM ERFOLGREICHEN MANN STEHT EINE ERFOLGREICHE FRAU. HINTER JEDER ERFOLGREICHEN FRAU STEHT EINE GRUPPE VON FRAUEN.

Typisch Frau, typisch Mann – Frauen können nicht einparken und Männer hören nie zu. Mädchen lieben eine rosa Puppenwelt, während Jungs eher Fußball und Autos mögen. Wer kennt sie nicht, diese Aussagen! Es stimmt nicht. Ich kenne viele Frauen, die super einparken können und lieber mit Jungs Fußball spielen als mit Puppen. Ich kenne Männer, die zuhören. Ich muss sie nur im richtigen Moment erreichen. Wir werden immer noch in die alten Klischees hineingepresst, und das beeinflusst, wenn auch meist unbewusst, unsere Partnerschaft.

Frauen sind beziehungsorientiert und wollen, dass es allen gut geht, und auch darüber reden. Sie denken dabei erst an die anderen und erst danach an sich selbst. Egal ob die anderen das möchten oder nicht: Wir sind die „Kümmerer". Aber kümmern kommt von Kummer. Wir haben schon gehört, dass das zu Überforderung führt. Wir müssen lernen, „Nein" zu sagen. Ich kenne einige Ehen, die daran zerbrochen sind. „Ich kümmere mich doch um alles und bekomme von meinem Partner keine Wertschätzung dafür" höre ich oft in meinen Seminaren. Nicht er ist schuld, sondern ich muss und darf „Nein" sagen und Selbstverantwortung übernehmen.

Im Alltag sind wir immer wieder herausgefordert, anderen unsere Grenzen deutlich zu machen, sei es im familiären Umfeld, im Freundeskreis oder beruflich. Wie würden die anderen wohl auf eine Ablehnung reagieren? Wir wollen niemanden vor den Kopf stoßen. Wir befürchten, dass ablehnendes Verhalten sich negativ auf die gesamte Beziehung auswirken könnte.

Ich selbst musste erst mal 42 Jahre alt werden, um zu lernen, wie wichtig das ist und dass ich das darf. Was macht die Abgrenzung so schwierig? Hinter solchen Fantasien stecken häufig Ängste, abgelehnt oder verlassen zu werden, die in der Kindheit ihren Ursprung haben. Viele Frauen haben als Kind die Erfahrung gemacht, dass ihre Eigenständigkeit und gelegentliche Widerstände von nahestehenden Erwachsenen bestraft wurden, zum Beispiel durch Liebesentzug. Als Kinder haben wir uns zwangsläufig angepasst und behalten dann diese angepasste Verhaltensweise auch als Erwachsene. Als Erwachsene müssen Frauen lernen, die Spannungen auszuhalten, die daraus entstehen, dass gegensätzliche Interessen aufeinandertreffen.

Manche Frauen fürchten das Nein, weil sie es mit der Entladung eines gefüllten Dampfkessels verbinden. Sie machen die Erfahrung, dass sich der heruntergeschluckte Ärger über längere Zeit aufstaut und schließlich bei irgendeinem Anlass zu explodieren droht. So wird das Nein zu einem Befreiungsschlag, der den anderen in seiner überzogenen Reaktion völlig überrascht und vor den Kopf stößt. Um aus dem Kreislauf des Erduldens und des gelegentlichen Explodierens herauszukommen, ist es nötig, Grenzverletzungen früher zu erkennen und rechtzeitig die eigenen Grenzen zu ziehen.

Nicht selten gehen die Ängste auch auf die herrschenden Vorstellungen über die Rolle von Mädchen und Frauen in der Gesellschaft zurück, wie sie etwa in den Medien vermittelt werden: Eine gute Frau opfert sich für das Wohl ihrer Lieben auf, ohne eigene Ansprüche zu stellen. Selbst wenn solche traditionellen Rollenbilder inzwischen ein Stück weit überholt sind, so wirken doch manche alten Glaubensmuster weiter. Auch die moderne, berufstätige, emanzipierte Frau setzt ihre Durchsetzungskraft eher für andere als für ihre eigenen Bedürfnisse ein. Das Neinsagen und das Grenzensetzen werden häufig als hart empfunden, als verletzend und irgendwie unweiblich. Das Ganze ist oft mit Schuldgefühlen, mit Selbstzweifeln (bin ich zu egoistisch?) und/oder mit Angst vor negativen Konsequenzen verbunden. Beim Neinsagen geht es darum, ein Gleichgewicht zu finden zwischen der Selbstfürsorge und der Sorge für andere. Die Balance muss im Alltag immer wieder neu gefunden werden.

Wenn es dir schwerfällt, Nein zu sagen, und du tust es trotzdem, anerkenne dich selbst dafür. Wenn du dich nicht sofort entscheiden kannst, nimm dir Zeit zum Nachdenken. „Das werde ich mir in Ruhe durch den Kopf gehen lassen." Traue dich, „Nein" zu sagen, wenn du etwas nicht willst, und rechtfertige dich nicht. Spüre in dich hinein: Will ich das oder will ich das nicht? Gib keine Erklärungen ab, das kann leicht zu Diskussion führen. Eine kurze, knappe Begründung reicht. Steh zu deinem Nein, auch wenn der andere es nicht versteht.

Mehrere Dinge gleichzeitig anzupacken, gilt als Talent der Frauen. Multitasking: EMails schreiben, wichtige Telefonate führen und nebenbei noch die Küche putzen. Wissenschaftliche

Belege dafür gibt es nicht. Viele Frauen haben es allerdings gut drauf, eine Sache bewusst und weitere Dinge fast automatisch nebenbei zu erledigen. Männer fokussieren sich lieber auf eine Sache. Das aber sehr gründlich.

Für Frauen sind Nähe, Verbundenheit und Wertschätzung wichtig. Sie wollen sich wohlfühlen in der Beziehung mit anderen, geborgen und geschützt. Um diese Harmonie nicht zu gefährden, gehen sie sogar Konflikten aus dem Weg. Männern sind Anerkennung und Respekt hingegen wichtiger als Harmonie, erreichen wollen sie das durch Statussymbole wie mit einem schicken Auto oder einem höheren Einkommen. Grundsätzlich verfolgen Frauen und Männer aber das gleiche Ziel: Liebe. Beide wollen geliebt werden – nur versuchen sie dies auf unterschiedlichen Wegen zu erreichen. Frauen sind immer noch zu zurückhaltend, zu selbstkritisch und fühlen sich oftmals nicht gut genug. Frauen nehmen zu viel Rücksicht, müssen sich erst von ihrem Partner trennen, um ihren eigenen Weg zu finden. Leider gehen sie untereinander immer noch in Konkurrenz, anstatt sich zu unterstützen. Dabei besitzen wir Frauen eine enorme Kraft. Die wenigsten sind sich dessen bewusst. Sie sind die wahren Führerinnen in einer Beziehung. Der alte Kampf gegen das Patriarchat sitzt immer noch tief in uns drin. Doch es ist einfacher denn je, dass Mann und Frau sich auf Augenhöhe begegnen, und sie wollen das auch. Kluge Männer haben Frauen mit ihrer Weisheit schon immer geschätzt. Intuitiv wissen auch sie:

WAS FRAUEN BRAUCHEN UND WAS SIE SICH WÜNSCHEN

Schauen wir doch mal auf die uralte Yin-Yang-Lehre. Yin und Yang sind zwei Begriffe der chinesischen Philosophie. Sie stehen für polar einander entgegengesetzte und dennoch aufeinander bezogene duale Kräfte oder Prinzipien, die sich nicht bekämpfen, sondern ergänzen. Ich denke, wir haben alle schon mal dieses Symbol gesehen. Das weiße Yang steht für hell, hoch, hart, heiß, positiv, aktiv, bewegt, männlich.

Das schwarze Yin steht für dunkel, weich, feucht, kalt, negativ, passiv, ruhig, weiblich. Die beiden Hälften sind einander gegenüberstehend und ineinandergreifend. In der weißen Hälfte sieht man einen schwarzen Punkt für den männlichen Anteil im weiblichen. In der schwarzen Hälfte sieht man einen weißen Punkt für den weiblichen Anteil im männlichen. Es ist sehr gut ersichtlich, wie sich die Anteile weiblich und männlich zusammensetzen sollten.

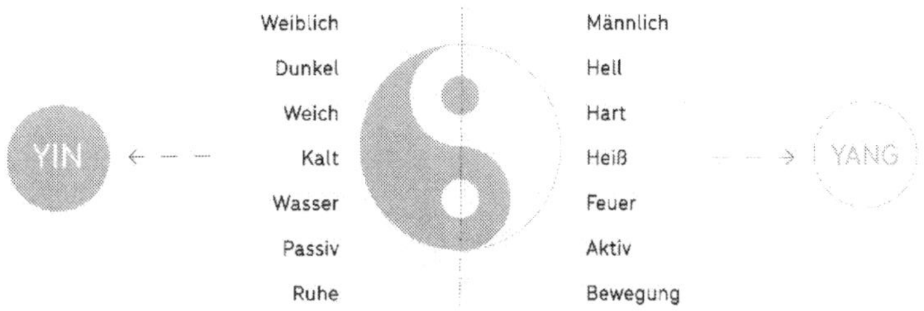

Die grafische Darstellung zeigt sehr schön, wie unterschiedlich wir sind. Leider leben wir Frauen in der heutigen Zeit zu sehr auf der männlichen Seite. Wir stehen „unseren Mann" im Job. Daher ist es wichtig, in die Balance zu gehen und die weibliche Seite zu nähren. Das bedeutet entspannen, loslassen, zulassen, annehmen, um Unterstützung bitten, in die Stille gehen. Gar nicht so einfach, wo es doch in unserer Gesellschaft immer noch um höher, schneller, weiter geht.

Ich bin jetzt 64 Jahre alt und habe den großen Vorteil, dass ich selbst entscheiden kann, was ich wann wie tue. Ich habe keinen Arbeitsstress mehr bzw. versuche mir keinen mehr zu machen. Ich habe keinen finanziellen Druck. Für das Grundeinkommen ist gesorgt. Unser Sohn steht auf eigenen Füßen. Sein Verhältnis zu meinem Mann und mir ist gut. Ich habe einen großartigen Ehemann und Partner an meiner Seite.

Und dennoch ist es eine fast tägliche Herausforderung zu schauen, was brauche ich, um innerliche Ruhe, Frieden und Glück zu empfinden. Mal geht es mir gut und mal verspüre ich eine innere Unruhe, wie ein „Getriebensein". Wenn ich nicht auf mich aufpasse, kommt eine gewisse Unzufriedenheit in mir hoch. Das äußert sich meist darin, dass ich anfange, an meinem Mann herumzukritisieren. Oft erschrecke ich mich dann selbst und denke: „Mensch, Pia, du weißt doch, wie es geht. Wenn du rummeckerst, hat es meist nichts mit deinem Mann zu tun, sondern mit dir selbst. Also, was brauchst du?" Nun, es ist schon mal gut, dass ich es überhaupt wahrnehme. Es anzunehmen, ist nicht immer leicht für mich. Doch dann kann ich etwas ändern. Früher sind so viele Dinge auf mich eingestürmt, dass ich gar nicht zum Nachdenken oder gar zum „In-mich-Hineinhorchen" kam. Ich wusste nicht, dass das wichtig war. Wir lassen uns allzu oft von den alltäglichen Dingen überrollen und verlieren dabei den Kontakt zu unserem Fühlen.

Es ist immer wieder wichtig, zu schauen, was brauche ich, und dafür zu sorgen, dass ich das auch bekomme. Immer wenn du merkst, deine Stimmung ist auf dem Tiefpunkt, dann fehlt dir etwas. Was ist es? Wie wichtig es für uns Frauen ist, die „weibliche Seite" zu nähren, habe ich erst Jahre später kapiert. Aus dem Yin und Yang ergibt sich, dass wir alle unterschiedliche Bedürfnisse haben. Jede Frau und jeder Mann. Mein Partner hat andere Bedürfnisse als ich. Was brauchst du?

Ich brauche immer wieder Zeit ganz für mich allein. Zeiten, in denen keiner etwas von mir will. Jetzt wirst du vielleicht sagen: „Wie soll das denn funktionieren? Bis alles erledigt ist, ist der Tag vorbei." Es geht. Auch für mich ist es schwer, nichts zu tun, da ich eine Macherin bin. Aber es hilft, auf die innere Stimme zu hören. Was will mein Herz? Es gibt dazu eine Menge schöner Meditationen oder auch ein Spaziergang allein hilft, den Kopf frei zu machen – was immer dir gerade am meisten zusagt.

Ich brauche Bewegung an der frischen Luft! Vor einiger Zeit habe ich wieder angefangen, Golf zu spielen. Jahrelang hatte ich den Wunsch, dass mein Mann wieder mit mir anfängt, Golf zu spielen. Er wollte aber nicht, also habe ich auch nicht gespielt. Bis ich zum Schnuppergolfen eingeladen wurde und feststellte, ich kann es noch ein bisschen und es macht mir Spaß. Er sagte: „Mach doch, wenn es dir guttut." Ich brauche gutes Essen und guten Wein, Genuss halt! Ich liebe es zu kochen. Auch mal neue Rezepte auszuprobieren. Für mich ist das wie eine Meditation. Häufig kommen mir die besten Gedanken beim Kochen. Wenn ich bei meinen Projekten festhänge, koche ich oft und habe einen Zettel neben mir bereitliegen. Kochen hat für mich auch etwas mit Achtsamkeit in Bezug auf meinen Körper zu tun. Ich achte auf gute Nahrungsmittel. Worauf habe ich Lust? Was nährt meinen Körper? Kochen hat auch etwas mit Geselligkeit zu tun. Wir kochen häufig mit oder auch für Gäste.

Ich brauche ein schönes Zuhause. Hast du schon mal bemerkt, wie gut es tut, auszumisten oder die Möbel anders zu arrangieren? Ich liebe es. Es macht meinen Kopf klar.

Ich liebe das Meer und die Berge! Lange Zeit bin ich zwei- bis dreimal im Jahr zur Weiterbildung nach Ibiza geflogen. Blauer Himmel, wärmende Sonne und das weite Meer sind wahre Energiequellen. Gleichzeitig liebe ich die Berge. Hoch oben den Alltag hinter sich lassen, den Blick in die Ferne schweifen lassen. Das Bergpanorama und die Natur genießen. Einfach grandios, um neue Kraft zu schöpfen.

Ich brauche gute Kontakte mit guten Gesprächen! Wie sehr ich persönliche Verbindungen zu Menschen brauche, hat mir die Lockdown-Zeit gezeigt. Offlinetreffen sind durch nichts zu ersetzen. Einfach mal zwanglos miteinander plaudern. Oder auch über den Beruf. Über das, was die Menschen gerade bewegt. Ich achte sehr darauf, mit wem ich mich umgebe. Geht es mir nach dem Treffen oder den Gesprächen besser oder schlechter? Worüber sprechen die Leute? Gefällt mir das? Klar hat das auch viel mit meiner Wahrnehmung zu tun. Menschen faszinieren mich und es gibt viele wunderbare Menschen. Ich brauche Harmonie! Ich bin ein sehr harmoniebedürftiger Mensch und ich bin glücklich darüber, dass ich lernen durfte, es gibt kein „richtig" und kein „falsch". Die Menschen sind alle unterschiedlich und jeder hat seine eigene Meinung bzw. Sichtweise auf die Dinge im Leben. Früher habe ich geglaubt, ich muss eine Meinung haben und diese vertreten. Irgendwie werden wir in der Schule dazu erzogen. Und nur die Menschen, die meiner Meinung sind, sind diejenigen, mit denen ich mich umgeben möchte. Dabei ist die Unterschiedlichkeit das, was das Leben spannend macht. Auch wenn ich nicht der Meinung anderer bin, kann ich es bei ihnen lassen und bin neugierig auf sie.

Ich brauche meine Kundinnen und meinen Job! Ich liebe meine Seminare. Ich liebe es, Frauen und Männer dabei zu unterstützen, ihre Partner und sich selbst neu zu entdecken. Was brauchst du? Sorgst du dafür, dass du das auch bekommst? Oder verzichtest du aus Rücksicht auf andere?

Ich hatte bereits John Gray erwähnt, den amerikanischen Autor des Buches „Männer sind vom Mars, Frauen von der Venus". Gray beleuchtet diese Unterschiede zwischen Mann und Frau vor dem Hintergrund der Hormone. Es gibt vier Haupthormone, die einer Frau helfen, ihren Stress zu reduzieren und ihr Glücklichsein zu erhöhen: Oxytocin, Östrogen, Progesteron und Testosteron. In seinem Buch beschreibt er, welche Aktivitäten es braucht, damit die Hormonproduktion im Körper in Balance bleibt und sogar vom Körper wiederhergestellt werden kann.

Für Männer und Frauen spielen die Hormone eine unterschiedliche Rolle und die Aktivierung der Hormonbalance braucht unterschiedliche Aktivitäten. Daraus resultieren eben auch die unterschiedlichen emotionalen Bedürfnisse in einer Partnerschaft. Was eine Frau laut John Gray braucht, um ihren Stress zu reduzieren und sich mit ihrer weiblichen Seite zu verbinden, sind die folgenden Punkte:

1. Sie braucht Zuneigung und Umarmungen.

2. Sie möchte über ihre Gefühle sprechen, ohne dafür beurteilt zu werden. Sie möchte, dass man ihr einfach nur zuhört.

3. Sie braucht Zeit für sich und Unterstützung, sodass sie besser auf die Bedürfnisse der anderen eingehen kann.

Das sind nur einige Punkte. Das Wichtigste ist jedoch eine wertschätzende Kommunikation, was für den Mann bedeutet: mehr zuhören und weniger sagen.

Uns Frauen fällt es sehr schwer, vom „caring for others – YouTime" – auf „caring for herself – MeTime" – umzuschalten. Frauen sagen oft: „Das kann ich doch nicht tun, mich allein amüsieren!" Frauen tun zu viel selbst, sodass sie die Unterstützung durch den Mann nicht schätzen können.

Dies führt infolgedessen zu Überforderung und Konflikten. Frauen erwarten dann allzu oft, dass der Mann die Lösung für sie hat. Wenn wir jedoch selbst nicht wissen, was die Ursache des Problems ist, können sie uns auch nicht unterstützen. Ein Mann kann uns nicht glücklich machen. Er kann uns jedoch glücklicher machen, wenn wir uns der Unterschiedlichkeit der Geschlechter bewusst sind. Wie schon erwähnt, ist es heute leider so, dass Frauen untereinander in Konkurrenz gehen, dabei ist die Verbindung unter Frauen so wichtig. Mein damaliger Mentor sagte zu mir: „Du solltest mit Frauen arbeiten."

Ich schaute ihn verständnislos an. „Frauen sind mir zu kompliziert und zu zickig", war meine erste Reaktion. Dann ging ich in mich und dachte darüber nach. Ich verließ meinen Job in der Männerwelt und arbeite heute viel mit Frauen. Ich liebe es. Überdies leite ich unter anderem seit zehn Jahren ein reines Frauen-Business-Netzwerk und lege Wert darauf, dass die Frauen in Kontakt miteinander treten, denn gute Verbindungen mit anderen Frauen zu haben, bedeutet:

- die eigenen Batterien aufladen
- Wärme und Verständnis finden
- Informationen austauschen durch Storytelling
- einander Wertschätzung und Anerkennung schenken
- ehrliches Feedback geben und bekommen

- einander motivieren
- einander ermutigen
- einander groß sehen, indem wir uns gegenseitig an unsere Talente und Fähigkeiten erinnern
- einfach Spaß haben und entspannen

Das verleiht Energie und Entspannung und dann können wir auch wieder für die anderen da sein. Es sind schon sehr viele berufliche Kooperationen und Freundschaften aus diesem Netzwerk entstanden.

In meinen reinen Frauen-Seminaren ist es immer wieder so schön zu erleben, wie schnell Frauen in eine Verbindung gehen und eine Gemeinschaft bilden. Wir brauchen das, meine Damen, denn hier werden die Glückshormone aktiviert. Manchmal rufen die Männer an und fragen: „Was hast du mit meiner Frau gemacht? Sie ist so entspannt." Wenn wir entspannt sind, sind wir magnetisch!

WIE SPRECHE ICH ALS FRAU MIT EINEM MANN?

Eine gelingende Kommunikation ist der Schlüssel, um die Verbindung zu einem Mann herzustellen – sowohl im privaten als auch beruflichen Bereich –, um das zu bekommen, was ich möchte, sodass es beiden damit gut geht. Doch gerade was die Kommunikation angeht, könnte man wirklich meinen, Mann und Frau kommen von zwei unterschiedlichen Planeten.

Kennst du das? Du redest und redest und er sitzt mit einem riesengroßen Fragezeichen im Gesicht vor dir und fragt sich, was will sie? Was ich auch oft von meinen Kundinnen höre, ist: „Ich habe ihm doch genau gesagt, was zu tun ist, und er macht es einfach nicht." Was läuft da nicht richtig? Will er nicht? Wenn du etwas von einem Mann willst, musst du in seiner Sprache sprechen: in der Männersprache, der Sprache des Geschäftslebens: klar, knapp und direkt.

Hierzu gibt es einige wichtige Regeln:

1. SPRICH NUR DANN MIT EINEM MANN, WENN ER ZUGÄNGLICH IST, UND NICHT ZWISCHEN TÜR UND ANGEL.

Ihn direkt nach der Arbeit mit einer Informationsflut deines Tages zu überschütten, funktioniert nicht. Wir Frauen haben das Bedürfnis, uns mitzuteilen, wie der Tag im Büro oder mit den Kindern war. Genauso wollen auch wissen, wie sein Tag war. Wir fragen: „Und, wie war's heute bei dir?" und würden daraufhin gerne ein paar Sätze von ihm hören, doch seine kurze Antwort lautet lediglich: „Gut" oder „Nicht gut". Heute weiß ich: Männer brauchen erst mal ihre „Cave-Time". Erst mal runterfahren. Außerdem sind sie froh, den Tag abgeschlossen zu haben, und wollen nicht auch noch am Abend darüber sprechen. Damals war ich sauer, dass mein Mann nicht gleich mit mir gesprochen hat, und dachte, er liebt mich nicht mehr.

Es ist besser, wenn du ihn nicht in ein Gespräch drängst. Er wird mürrisch reagieren und gar nicht richtig mitbekommen, was du ihm sagen willst. Sag ihm deutlich, worum es geht. Frag ihn, wann er Zeit hat, dir zuzuhören. Vereinbare einen Gesprächstermin und sorge dafür, dass es währenddessen keine Ablenkung gibt. Wähle eine Umgebung, in der du dich wohlfühlst.

2. SEI KLAR UND DIREKT. FRAGE ZIEL- UND LÖSUNGSORIENTIERT.

Wir Frauen wollen unsere Gedanken und unsere Gefühle aussprechen und darüber reden. Männer dagegen gehen sofort in den Lösungsmodus und machen Bemerkungen wie: „Ist doch nicht so tragisch. Mach es doch so oder so." Das wollen wir aber nicht hören. Die Lösung wollen wir selbst finden oder wissen sie schon. Überlege dir also vorher genau, was du von ihm willst, und mache eine klare Ansage. Sag ihm: „Mir gehen so viele Gedanken durch den Kopf. Kannst du mir mal zuhören, damit ich für mich Klarheit finde? Ein Rat von dir würde mir helfen." Nun weiß er, was er zu tun hat, und er wird dir gerne zuhören. Was nicht funktioniert, sind Andeutungen, ein vorwurfsvoller Unterton, Du-Botschaften, lange Vorreden, komplizierte Sätze, lange Erklärungen und zu sagen, was du nicht willst. Einem Mann musst du sagen, was du von ihm willst, wie du es willst und wann du es willst.

Überlege dir also genau, was du willst. Was funktioniert, sind kurze, klare Sätze. Komm direkt zur Sache, gib klare Instruktionen und lass es ihn dann auf seine Weise tun.

Hier loszulassen, ist nicht so ganz einfach für uns Frauen, aber für Männer wichtig. Denke daran, er gibt sein Bestes. Erkenne ihn an, für das, was er tut.

3. BLEIB AM BALL.

Bleib locker, wenn du ihn nicht gleich erreichen kannst. Biete ihm einen anderen Gesprächstermin an. Wenn er das Gefühl hat, er darf selbst entscheiden, funktioniert es meist besser. Ich kenne das sehr gut von meinem Mann. Wenn er abends gestresst von seinem Arbeitstag nach Hause kam, wollte er erst mal seine Ruhe. Doch ab und zu gab es nun mal Dinge, die geklärt werden mussten. Gerade wenn du einen pubertierenden Sohn hast, der nur noch auf seinen Vater hört, muss er nun mal ran. „Schatz, heute gab es mal wieder ein Problem mit unserem Sohn in der Schule." Mein Mann rollt schon die Augen. Probleme hatte er schon genug heute. Ich kann es nicht ändern, es muss nun mal noch heute Abend geklärt werden. „Ich weiß, du hattest einen stressigen Tag, doch dieses Thema muss bis morgen geklärt sein. Auf dich hört er. Wann kannst du mit ihm sprechen?" Nach dem Abendessen sprach er ruhig mit unserem Sohn und das Thema war erledigt.

4. HALTE DEIN WORT.

Überlege vorher genau, ehe du eine Zusage machst. Wir Frauen sind so begeisterungsfähig. Unsere Stimmungen und Wünsche können sich jede Minute ändern.

DAZU EINE NETTE STORY:

IHR Tagebucheintrag:

Am Samstagabend hat er sich echt komisch verhalten. Wir wollten noch auf ein Bier ausgehen. Ich war den ganzen Tag mit meinen Freundinnen beim Einkaufen und kam deswegen zu spät. Womöglich war er deswegen sauer. Irgendwie kamen wir gar nicht miteinander ins Gespräch, sodass ich vorgeschlagen habe, dass wir woanders hingehen, wo man sich besser unterhalten kann.

Er war zwar einverstanden, blieb aber schweigsam und geistesabwesend. Ich fragte, was los ist, aber er meinte nur: „Nichts." Dann fragte ich, ob ich ihn vielleicht verärgert hätte. Er sagte, dass es nichts mit mir zu tun habe und dass ich mir keine Sorgen machen solle. Auf der Heimfahrt habe ich ihm dann gesagt, dass ich ihn liebe, aber er fuhr einfach weiter. Ich verstehe nicht, warum hat er nicht einfach gesagt „Ich liebe dich auch"?

Als wir nach Hause kamen, fühlte ich, dass ich ihn verloren hatte, dass er nichts mehr mit mir zu tun haben wollte. Er saß nur da und sah fern. Er schien weit weg und irgendwie geistesabwesend. Schließlich bin ich dann ins Bett gegangen.

Zehn Minuten später kam er nach und zu meiner Überraschung hat er auf meine Liebkosungen reagiert und wir haben uns geliebt. Aber irgendwie hatte ich immer noch das Gefühl, dass er abgelenkt und mit seinen Gedanken weit weg war.

Das alles wurde mir zu viel, sodass ich beschlossen habe, offen mit ihm über die Situation zu reden, aber da war er bereits eingeschlafen. Ich habe mich in den Schlaf geweint. Ich weiß nicht mehr weiter. Ich bin fast sicher, dass er eine andere hat. Mein Leben hat keinen Sinn mehr.

SEIN Tagebucheintrag:

Heute hat Bayern verloren, aber wir hatten prima Sex.

TEIL 2 – ER

DAS MÄNNLICHE ROLLENSPIEL – FRÜHER UND HEUTE

Seit Tausenden von Jahren hat die Gesellschaft Männer und Frauen in Rollen gepresst. Das lang gelebte Patriarchat hat uns allen – Männern wie Frauen – nicht gutgetan. Es steckt immer noch so viel Wut auf das jeweils andere Geschlecht in unseren Zellen. Die Männer wurden nicht gefragt, ob sie immer stark sein wollen und damit klarkommen, keine Gefühle zeigen zu dürfen. Viele Männer definieren sich über den Erfolg im Beruf. Sie setzen den Beruf an die erste Stelle und wundern sich dann, wenn die Kinder und vielleicht sogar die Frau plötzlich das Haus verlassen. Die Rollen waren von jeher klar definiert. Der Mann ist der Versorger und Ernährer der Familie. Der perfekte Mann ist sportlich, gut aussehend, erfolgreich, hat eine schöne Frau und gesunde Kinder, ein großes Auto, ein großes Haus und eine dicke Armbanduhr. Ich glaube, fast jeder kennt die Werbung. Und genau diesen Mann haben sich die Frauen auch gesucht.

Der erste Mann, den ich in meinem Leben so wahrgenommen habe, war mein Vater. Ein junger Mann, der viel und hart arbeitete. Er war ein recht erfolgreicher Architekt. Die Familie war gut versorgt. Uns drei Kindern gegenüber war er streng und autoritär und hatte nie Zeit für uns. Wenn ich darüber nachdenke, wie jung damals geheiratet wurde – der Vater gab die Tochter weiter an den Ehemann als Versorger –, dann war es kein Wunder, dass viele Partnerschaften nicht funktionierten.

Die Liebe und Anerkennung durch den Vater ist für Jungs besonders wichtig. Der Vater ist der Wegbegleiter in den ersten Jahren und auch danach. Viele schafften es nicht, diesem herausfordernden Männerbild zu entsprechen. So auch mein Bruder. Er flüchtete sich in den Alkohol. Er war weder in der Schule noch im Beruf gut genug für meinen Vater.

Die Gesellschaft war knallhart. Wer nicht reinpasste oder sich den Rollen entzog, wurde ausgegrenzt. Heute ist es leider immer noch nicht viel besser. Der „höher, schneller, weiter"-Modus ist nach wie vor präsent. In einem Seminar sagte ein Teilnehmer einmal zu mir: „Egal was ich leiste, ich bekomme nie ein anerkennendes Wort von meinem Vater." Dieser Mann ist 50 Jahre alt.

Jungen und Männer brauchen Vorbilder, die wertvoller sind als Statussymbole und Machtstreben. Die heutige Zeit ist für Männer nicht einfacher geworden. Männer fühlen sich verunsichert. Sie müssen sich neu erfinden. Die traditionellen Rollenbilder lösen sich langsam auf. Frauen sind oft nicht mehr finanziell abhängig von einem Mann und auf dem Weg, die emotionale Bedürftigkeit in Bezug auf einen Mann abzulegen. Frauen wollen die besseren Männer sein. Dadurch verlieren sie meist ihre weibliche Seite. Der Feminismus und die Emanzipation haben den Männern und auch den Frauen nicht wirklich gutgetan. Wir brauchen beide Geschlechter auf Augenhöhe.

In meiner Umgebung sehe ich beide Varianten. Männer, die immer noch denken, Frauen sind ihre „Bedienstete". Doch die meisten Paare kämpfen sich durch und kriegen es hin. Mein Mentor sagte einmal zu mir: „Männer wollen ihre Frauen glücklich machen." Damals habe ich das nicht verstanden. Heute weiß ich, es stimmt. Die Männer wissen instinktiv, wenn ihre Frau glücklich ist, geht es auch ihnen gut. Entweder sie kriegen dann guten Sex oder sie haben ihre Ruhe.

Ein Bekannter erzählte mir: „Wir haben erst spät geheiratet. Irgendwann habe ich mir überlegt, nun hast du einen Job und ein gutes Einkommen. Was mache ich jetzt damit? Familie wäre schon gut. Nur, wo finde ich eine Frau? So gut sehe ich nicht aus. Also, was machen Frauen gerne?" Er buchte einen Tanzkurs und fand seine heutige Ehefrau. Heute als Ehepaar gehen sie immer noch ein Mal in der Woche tanzen. Er trägt sie auf Händen. Beide haben herausfordernde Berufe, sie haben ein gemeinsames Kind und ein Haus. Er hält ihr den Rücken frei, wo immer es geht. Natürlich nicht immer ohne Diskussion.

Männer sehen sich heute vor der großen Herausforderung, dass ihnen in allen Situationen beruflich und privat starke Frauen gegenüberstehen. Sie wollen sie immer noch beschützen, glücklich machen und versorgen. Doch viele Frauen haben noch nicht gelernt, klar zu kommunizieren, was sie wollen und was sie brauchen, und wollen alles allein schaffen. Männer lieben es, wenn Frauen, wissen, was sie wollen, denn dann wissen die Männer, was sie tun können, damit sie glücklich ist. Wir können lernen, eine Partnerschaft zu führen, die auf Vertrauen, Respekt und Wertschätzung basiert. Das ist lebenswichtig für uns. Sie bringt uns Energie und Lebensfreude.

DIE HERAUSFORDERUNG AUS DER SICHT DES MANNES

MÄNNER SIND VERANTWORTLICH FÜR DAS EINKOMMEN,
FRAUEN FÜR DAS AUSKOMMEN.

Traditionelle Rollenbilder brechen auf:

Immer mehr Männer beschäftigen sich heute mit dem Thema „Beziehung" und mit der neuen Rolle des Mannes. Viele haben bereits eine Scheidung oder zumindest Trennungen hinter sich und wissen dann meist nicht wirklich, warum das passiert ist.

Sie sind verwirrt. Mittlerweile werden zahlreiche reine Männer-Coachings angeboten. Auch Männer möchten lernen, wer sie sind und was sie brauchen. Sie wollen sich frei machen von dem jahrzehntelangen Konzept des Patriacharts, in das sie hineingepresst wurden.

„Wann ist ein Mann ein Mann?" Wer kennt dieses Lied von Herbert Grönemeyer nicht? Männer müssen stets stark sein. Gefühle dürfen nicht gezeigt werden. Und wenn sie es doch tun, werden sie als „Weicheier" bezeichnet oder denken selbst, dass sie es sind. Männer haben Angst davor zu verlieren oder sich zu blamieren. Manche haben sogar Angst vor Frauen bzw. deren Ablehnung. Deshalb trauen sich manche Männer nicht nach einem Date zu fragen. Frauen sollten ihnen einen kleinen Hinweis geben, wie zum Beispiel ein Lächeln.

Die traditionellen Rollenbilder funktionieren nicht mehr. Und wir wollen sie auch nicht mehr. Wir stehen an einem Wendepunkt. Wir müssen lernen, uns auf Augenhöhe zu begegnen, uns in einer Beziehung gegenseitig zu unterstützen, die Verschiedenartigkeit zu erkennen, zu akzeptieren und zu lieben. Wenn du heute eine Frau fragst, was für einen Mann sie sich wünscht, was wird sie antworten?

Attraktiv, gepflegt, sportlich, eigenverantwortlich, produktiv, intelligent, erfolgreich, Gewinner, Genießer, humorvoll, einfühlsam, er soll mich verwöhnen und überraschen, er soll für die Kinder da sein und auch noch eine gute Figur in der Küchenschürze abgeben. Merkst du was? Wir Frauen suchen uns immer noch die Männer nach ihrem sozialen Status aus – also Geld, Macht, Ansehen und Einfluss. Da sind sie wieder, die traditionellen Rollen, die immer noch in uns stecken. Für die Männer ist es eine Riesenherausforderung, all diesen Vorstellungen, Erwartungen und eigenen Ansprüchen gerecht zu werden.

Hinzu kommt heute die neue Herausforderung für Männer in einer Partnerschaft, nicht nur Geld zu verdienen, sondern ihre Partnerin emotional zu unterstützen. Zudem wollen oder müssen die Frauen auch arbeiten. Dadurch entsteht zusätzlicher Stress, wenn dann auch noch Kinder und Haushalt zu regeln sind. Auch Männer haben heute den Spagat zwischen Beruf und Familie zu erfüllen. Allerdings bewältigen sie diesen anders als wir Frauen.

Die beiderseitige Erwartungshaltung von Frauen und Männern, dass Männer wie Frauen denken und dass Frauen wie Männer denken, ist einer der wichtigsten Faktoren, die eine funktionierende Partnerschaft torpedieren. „Warum sieht er das nicht?" „Warum redet sie immer weiter?" „Wo ist das Problem?" sind häufige Aussagen, die ich immer wieder in meinen Coachings höre.

WIE TICKEN MÄNNER - QUALITÄTEN UND STÄRKEN

Warum ist ER so, wie er ist? Warum hat ER bestimmte Fähigkeiten, welche die Frau nicht hat?

Schauen wir doch mal auf das männliche Urprinzip. Die männliche Energie ist der Impuls, die Idee.

- Die männliche Energie ist zielgerichtet, nach vorn oben gerichtet wie der Phallus.

- Die männliche Energie ist kämpferisch, gebündelt, dynamisch, leistungs- und wettbewerbsorientiert und zerstörend.

- Die männliche Energie schützt und hält die weibliche Energie, gibt ihr ein Gefäß, einen Rahmen, eine Sicherheit und eine Struktur, in der sie sich selbst entfalten kann und sich ihrem Mann hingeben kann.

- Das männliche Prinzip ist Struktur, es ist haltend und aktiv.

Geschlechterklischees, gesellschaftliche Vorurteile und Rollenzuweisungen haben uns von diesen wunderbar einander ergänzenden Qualitäten von Mann und Frau entfernt. Dabei sind wir nach wie vor Menschen, die von der Natur als Frau und Mann mit unterschiedlichen Qualitäten ausgestattet wurden. So ging der „Steinzeit-Mann" auf die Jagd, um seine Familie zu ernähren. Dazu ist er mit den Sinnen „gutes Hören" und „gutes Sehen" ausgestattet. Die „Nothing-Box" half ihm dabei, tagelang auf das „Mammut" zu warten, um es zu erledigen. Ja, Männer haben die Eigenschaft, an nichts denken zu können. Für mich ist es eine besondere Qualität, für die Männer ist sie überlebenswichtig.

Aus dieser Zeit stammt auch die Fähigkeit, sich auf EINE Sache zu fokussieren und alle anderen Themen für den Moment auszublenden. Mit diesem Tunnelblick bleiben sie so lange dran, bis dieses Thema erledigt ist. Es ist ganz wichtig für uns Frauen, das zu wissen. Das heißt, wenn wir ihm etwas mitteilen wollen, sollten wir erst mal schauen, womit er gerade beschäftigt ist. Selbst wenn es nur die Sportschau ist, kannst du davon ausgehen, dass er nicht mitkriegt, was du sagst, und du erreichst damit nur, dass er genervt von dir ist. Oder er stürmt morgens aus dem Haus auf dem Weg zur Arbeit und stolpert fast über den Müllbeutel, den du extra rausgestellt hast, damit er ihn zur Mülltonne mitnimmt. Der Müll bleibt natürlich stehen. Männer handeln und kommunizieren stets lösungsorientiert. Ist dir das schon mal aufgefallen? Du möchtest über gewisse Themen, die dich den Tag über beschäftigt haben, austauschen.

Für dich ist es erst mal wichtig, einfach nur darüber zu reden. Er sucht sofort eine Lösung, die willst du aber meist gar nicht. Liebe Männer, hier ist es wichtig, Ihrer Partnerin den Raum zu geben, ihre Themen loszulassen, das reduziert ihren Stress. Lehnen Sie sich zurück und hören Sie ihr einfach zu. Die Lösung ist bereits in ihr.

Im geschäftlichen Bereich lässt sich gut beobachten, wie wichtig für Männer die Rangordnung ist. Der Rang bedeutet Macht. An der Größe des Büros oder des Autos oder am Handy erkennst du seinen Status. Oft ist der Kampf um die Rangordnung wichtiger als der Inhalt. In Meetings geht es oft nicht um den Inhalt, sondern darum, wer die größte Macht hat. Die wichtigen Entscheidungen werden dann abends an der Biertheke getroffen. Ina Müller, ihr kennt sie sicherlich aus dem Fernsehen, bezeichnete das mal als „Gockelkampf". Die Männer haben sich das nicht ausgesucht und es gefällt ihnen vielleicht auch gar nicht, leider ist es aber im Geschäftsleben immer noch weitverbreitet. Wenn wir – sowohl der Mann als auch die Frau – uns dieser „eingefleischten" Verhaltensweisen bewusst sind, können wir lernen, damit umzugehen.

Über Männer kann man auch lesen, dass sie risikofreudiger und durchsetzungsstärker sind als Frauen, dass sie stets gewinnen wollen, ein höheres Selbstwertgefühl haben, den Nervenkitzel lieben und lieber an Projekten arbeiten als an Beziehungen. Ich lasse das mal so stehen, denn jeder Mensch ist anders. Vielleicht kennt ihr ja das folgende Beispiel: Mann und Frau bewerben sich auf eine Stelle. Beide erfüllen zu 90 % das Profil. Wer bekommt die Stelle? Der Mann. Er sagt: Ich kann das. Die Frau gibt zu, dass sie nur zu 90 % der Stelle entspricht. Ein anderes Beispiel: Vielen waren die Eheprobleme von Lady Diana und Prinz Charles bekannt. Es wurde viel darüber geschrieben. In dem Film „The Crown" sieht man sehr gut, dass Charles sich neben Diana oft zurückgestellt fühlte. Bei öffentlichen Auftritten bekam Lady Di aufgrund ihrer Schönheit und ihres großen Herzens die volle Aufmerksamkeit der Menschen.

Es ist eine schwierige Situation: Du sollst als Frau stark, unabhängig und attraktiv sein, aber wie weit kannst du dabei gehen, ohne dass er sich zurückgesetzt fühlt?

MÄNNLICHES VERHALTEN UNTER DER LUPE

Alles, was Männer wollen, ist eine zufriedene Frau. Deine Zufriedenheit ist für Männer das Allerwichtigste. Alles, was Männer wollen, ist, dich glücklich zu machen und dass du als Frau bedingungslos zu ihm hältst. Sie lieben Frauen, die wissen, was sie wollen.

Ein Teilnehmer einer meiner Trainings, der gerade eine langjährige Beziehung hinter sich hatte, erzählte mir, dass er extra für seine Partnerin tanzen und kochen gelernt hatte. Er war gerade an einem Wendepunkt seines Lebens angekommen. Als Geschäftsführer war er immer viel unterwegs und unverheiratet geblieben. „Wofür soll ich denn Geld verdienen? Ich habe keine Frau und keine Kinder." Er war auf der Suche nach dem Sinn seines Lebens und gönnte sich eine Auszeit. Ja, Männer brauchen einen Grund, Geld zu verdienen. Gute Männer sind produktiv, beschützend und bereit, ihr Geld mit dir zu teilen. Männer suchen Anerkennung, müssen jagen, brauchen interessante Herausforderungen, wollen gewinnen, lieben Frauen, wollen Sex, kämpfen für ihr Team und wollen akzeptiert werden. Welche Frage bewegt Männer am meisten? „War ich gut?" Männer brauchen Anerkennung speziell für das, was sie tun. Männer zeigen ihre Liebe weniger durch Worte, sondern durch das, was sie für dich tun. Gib einem Mann eine klare Anweisung und er wird alles tun, um es zu erledigen. Männer definieren sich über „Gewinnen und Verlieren". Dahinter steht ihr Bedürfnis, ihr Selbstbewusstsein über etwas Greifbares, Konkretes aufzubauen.

Männer finden ihre Erfüllung vorrangig im Erfolg. Daraus resultiert auch, dass sie nicht gerne über Gefühle sprechen. Männer wünschen sich einen guten Freund, mit dem sie reden können, dennoch gehen sie nicht wirklich in die Tiefe, weil sie Angst davor haben, Schwäche zu zeigen. So berichtete mir mein Mann, dass ihm aufgefallen sei, dass sich ein langjähriger Motorradfreund beim Motorradfahren seltsam verhalte. „Und", habe ich nachgehakt, „hast du ihn mal gefragt, wie es ihm geht und was er braucht?" „Nö", erwiderte mein Mann, „das würde er mir nie sagen."

In meinem Berufsleben konnte ich oft das Dominanzverhalten von Männern beobachten. So wurden manche gegenüber ihren Untergebenen oft laut, um zu zeigen, wer hier das Sagen hat. Oder anderen Mitarbeitern Fehler nachzusagen, damit sie selbst groß erscheinen, ist häufig an der Tagesordnung. Mein Mann hatte einige Zeit in seinem Beruf einen direkten Vorgesetzten, der eigentlich sehr nett war, ihn jedoch dazu benutzte, seine Launen, wenn etwas nicht funktionierte, an ihm auszulassen. Muss das wirklich sein, liebe Männer?

Den Erfolg suchen Männer auch zu Hause. Wenn sie hier ständig Kritik und Kontrolle erfahren und das Gefühl haben, nichts richtig oder gut genug machen zu können, wenn sie sich von der Erwartungshaltung ihrer Frau unter Druck gesetzt fühlen, flüchten sie ins Büro. Hier bekommen sie Anerkennung. Oder sie flüchten sich ins Fremdgehen. Hier haben sie keine Verpflichtungen. Meist ist es ihnen nicht bewusst, was sie tun oder warum sie es tun. Sich den Problemen zu stellen, haben sie nie gelernt. Wir Frauen sind die Beziehungsmanagerinnen. Statt unserem Partner mit Vorwürfen zu begegnen, sollten wir lernen, ihm erst mal Anerkennung und Wertschätzung entgegenzubringen. Das brauchen Männer, doch da beginnen die Schwierigkeiten, denn wir Frauen haben das auch nicht gelernt.

Auch der Mann ist dazu angehalten, seine – mitunter unbewussten – Verhaltensweisen gegenüber Frauen zu hinterfragen. Geht er als Mann immer noch davon aus, dass sobald eine Frau im Raum ist, sie für das Protokoll oder das Kaffeekochen zuständig ist? Zu Hause ist es für ihn oftmals selbstverständlich, dass sie die Kinder betreut und den Haushalt besorgt.

EINE GESCHICHTE ZUM SCHMUNZELN:

Das Ehemann-Kaufhaus

In New York City hat ein neues Kaufhaus eröffnet, in dem Frauen einen Ehemann erwerben können. Am Eingang des Gebäudes hängt eine Hausregel:

Sie dürfen dieses Geschäft nur EINMAL besuchen! Es gibt sechs Stockwerke und der Wert des Produktes steigt mit jedem Stockwerk. Die Kundin kann sich auf dem jeweiligen Geschoss aussuchen, was ihr gefällt, oder ein Stockwerk höher gehen. Sie darf jedoch nicht zurückgehen, es sei denn, sie möchte das Kaufhaus verlassen.

Eine Frau geht zu diesem Kaufhaus, um einen Ehemann zu finden. Im 1. OG findet sie ein Schild, auf dem steht:

1. OG: Diese Männer haben einen Job.

Sie ist fasziniert, geht jedoch weiter zum 2. OG, auf dem Schild steht:

2. OG: Diese Männer haben einen Job und lieben Kinder.

Das ist ja nett, denkt sie, aber ich möchte mehr. Also geht sie weiter.

Auf dem Schild im 3. OG steht:

3. OG: Diese Männer haben einen Job, lieben Kinder und sehen extrem gut aus.

Wow, denkt sie, und fühlt sich verleitet weiterzugehen. Sie geht zum 4. Geschoss, wo auf dem Schild zu lesen ist:

4. OG: Diese Männer haben einen Job, lieben Kinder, sehen extrem gut aus und helfen bei der Hausarbeit.

„Oh, welch ein Segen!", schreit sie auf. „Das ist ja kaum zum Aushalten." Nichtsdestotrotz geht sie weiter zum 5. Geschoss, und auf diesem Schild hier steht:

5. OG: Diese Männer haben einen Job, lieben Kinder, sehen extrem gut aus, helfen bei der Hausarbeit und sind romantisch.

Sie ist versucht zu bleiben, doch sie geht weiter zum 6. Geschoss, wo sie das Schild liest:

6. OG: Sie sind die 34.456.012. Besucherin auf diesem Geschoss. Hier gibt es keine Männer. Dieses Geschoss gibt es nur, um Frauen zu zeigen, dass es unmöglich ist, sie zufriedenzustellen.

Vielen Dank für Ihren Einkauf im Ehemann-Kaufhaus.

Bitte beachten Sie:

Der Geschlechtergleichheit wegen hat der Kaufhausbesitzer auf der anderen Straßenseite ein Ehefrauen-Kaufhaus eröffnet.

Im 1. OG finden Sie Ehefrauen, die Sex lieben.

Im 2. OG finden sie Ehefrauen, die Sex lieben, Geld haben und gerne Bier trinken.

Das 3., 4., 5. und 6. OG sind nie besucht worden.

WAS MÄNNER BRAUCHEN UND WAS SIE SICH WÜNSCHEN

DER UNTERSCHIED: ER BRAUCHT ABSTAND – SIE BRAUCHT NÄHE

Männer brauchen „Cave-Time"! Sie benötigen einen Rückzugsort – die Höhle –, wenn sie von ihrer Arbeit nach Hause kommen, um ihr Testosteron aufzuladen, das tagsüber aufgebraucht wurde. Das reduziert ihren Stress und nur dann können sie offen und bereit sein für die Themen, die zu Hause auf sie warten. Achte einmal darauf: Wenn du deinen Partner sofort an der Haustür mit den Problemen des Tages überfällst, wirst du nicht die Aufmerksamkeit und Unterstützung erhalten, die du dir wünschst. Er wird nörgelig, missmutig und kann die Themen nicht wirklich aufnehmen. Vielen Männern ist das nicht bewusst. Eine Runde mit dem Hund gehen, joggen gehen oder mit einem Freund ein Bier trinken gehen, das ist ebenfalls „Cave-Time".

Ich habe lernen müssen, meinem Mann diese Zeit zu geben. Meist war ich vor ihm zu Hause, hatte unseren Sohn schon vom Kindergarten abgeholt, war einkaufen und hatte das Abendessen fertig. Mein Tag war meist stressig und ich wartete schon sehnsüchtig auf ihn, um meine Themen bei ihm „abzulassen". Seine Miene verzog sich, sein Ton war grimmig, wenn ich ihn zum Beispiel gleich mit den Unstimmigkeiten zwischen meinem Sohn und mir überfiel. – Was habe ich geändert? Ich lasse ihn erst mal ankommen und gebe ihm die Zeit, die er braucht, um anzukommen. Wenn das Thema wichtig ist, kündige ich es an: „Ich muss mit dir dringend über unseren Sohn reden. Wann passt es dir?" So hat er die Möglichkeit, selbst zu entscheiden, wann er sich damit konfrontieren möchte.

Männer brauchen Wertschätzung, Vertrauen und absolute Akzeptanz für das, was sie tun. Es hebt ihren Testosteronspiegel und reduziert ihren Stress. Es ist für sie wichtig, das Gefühl zu haben, es ist gut, wie ich bin und was ich tue.

Bleiben wir einmal bei unserem Beispiel: Er kommt abends nach Hause und freut sich auf dich und das Kind oder die Kinder. Du empfängst ihn gestresst und mit Vorwürfen: „Du bist aber spät heute – du hättest ja mal anrufen können!" Ich erinnere mich noch gut, als die Handys aufkamen. Wenn wir früher im Auto unterwegs waren, hatten wir „Zeit für uns". Wir konnten miteinander reden. Jetzt klingelt dauernd das Handy und es sind in meinen Augen nicht wirklich dringende Sachen. Als ich ihm das sagte, wurde er fuchsteufelswild: „Es ist meine Entscheidung, wann und mit wem ich wie lange telefoniere!"

Er fühlte sich persönlich angegriffen. Zu Recht! Von Wertschätzung, Vertrauen und Akzeptanz meinerseits ihm gegenüber war da natürlich nichts zu spüren. Ich zweifelte an seiner Fähigkeit, richtig einschätzen zu können, was wichtig ist und was nicht. Die Stimmung war auf dem Tiefpunkt. Wenn du an ihn glaubst, wird er auch dir die Wertschätzung entgegenbringen und eher bereit sein, zu schauen, was du brauchst.

Männer wollen gebraucht werden. Jahrelang war ich gewohnt, meinen Tag mit Vollzeitjob, Sohn und Haushalt selbst zu regeln. Mein Mann war nun mal nicht da. Er kam meist erst zum Wochenende nach Hause. Sein Job wurde immer stressiger. Nun ist er schon eine ganze Weile zu Hause und für mich ist es schwierig, ihn in den Alltag einzubinden. Irgendwann sagte er mal ziemlich genervt zu mir: „Ich bin auch noch da und habe ein

Wörtchen mitzureden." Männer wollen eingebunden werden und ihre Frauen glücklich sehen.

Männer brauchen Anerkennung und Bewunderung. Erinnerst du dich noch an den Beginn deiner Partnerschaft? Alles war gut und okay, was und wie er es gemacht hat. Wir waren stets neugierig auf ihn. Mit der Zeit beginnen wir ihn dann zu kritisieren und wollen ihn in die Richtung drängen, wo wir denken, das ist richtig. Wie fühlt sich das an? Früher war es einfacher für den Mann. Er war der Hauptemährer der Familie. Die Rollen waren klar definiert. Dafür wurde er geschätzt und anerkannt. Heute haben sich die Rollen verändert.

Achte auf den Ton in deiner Stimme und deinen Gesichtsausdruck. Männer sind höchst sensibel. Er spürt sofort, ob er „dein Held" ist bzw. wie du gerade über ihn denkst.

Druck treibt Männer weg.

WIE SPRECHE ICH ALS MANN MIT EINER FRAU?

Ein guter Bekannter sagte mal zu mir: „Pia, du solltest nicht nur die Frauen in „How to Talk to Men" trainieren, sondern auch die Herren in „How to Talk to Women". Meine Antwort: „Sehr gerne. Ziemlich einfach. Einfach zuhören." Wir haben schon erfahren, Männer denken ziel- und lösungsorientiert. Das heißt, sie wollen dir helfen und suchen für dich die Lösung. Als Mann sollte man jedoch wissen, dass es für Frauen wichtig ist, über die Ideen, Gedanken und die damit verbundenen Emotionen zu sprechen.

Deine Frau möchte an deinem Leben teilhaben und wissen, wie es dir den Tag über ergangen ist.

Erzähle ihr von deinem Tag, auch wenn es für dich vielleicht nicht so wichtig ist. Das stärkt das Wir-Gefühl. Vielleicht kennst du das ja: Frag einen Mann: „Schatz, wie war dein Tag?" Er: „Gut." Frag eine Frau und sie wird dir erzählen, was sie erlebt hat. Nimm sie ernst. Dann fühlt sie sich gesehen. Wenn du nicht sofort alles verstehst, weil Frauen oft indirekt kommunizieren, frag nach.

Heute haben viele Männer auch mit vielen Frauen im geschäftlichen Bereich zu tun, da ist es ebenfalls wichtig zu wissen, wie spreche ich nun mit einer Frau – gerade wenn sie vielleicht auch noch die Chefin ist. Ich erinnere mich noch gut an ein „How to Talk to Women"-Training. Die Teilnehmer hatten ihre unterschiedlichen Themen mit Frauen. Ein Teilnehmer wollte einen wichtigen Auftrag an Land ziehen. Hierzu musste er die einflussreiche Chefin für sich gewinnen. Wir probten verschiedene Möglichkeiten in einem Rollenspiel. Nicht so einfach. Wir alle tendieren meist dazu, den Kopf anzusprechen und von unseren Inhalten zu überzeugen. Doch gute Inhalte gibt es viele. Wie schaffe ich es jedoch, eine Verbindung auf persönlicher Ebene hinzubekommen? Es war gut, es im Rollenspiel ausprobieren zu können, um zu sehen, was funktioniert und was nicht. Oft haben wir nur eine einzige Möglichkeit, deshalb ist es umso wichtiger, ein Konzept zu haben und das vorher zu üben.

TEIL 3 – WIR

DIE VIER PHASEN EINER PARTNERSCHAFT:

1. Schmetterlinge im Bauch – verliebt und glücklich
2. Die ersten Ehejahre
3. Die Pflicht ruft – die Verantwortung steigt
4. Die Kür – das große Finale

PHASE 1: SCHMETTERLINGE IM BAUCH – VERLIEBT UND GLÜCKLICH

Es hat „BÄNG" gemacht. Wir haben uns verliebt. Wir werden geflutet von Glückshormonen. Wir können nicht mehr klar denken. Wir fühlen uns gegenseitig angezogen wie zwei Magneten und schweben auf Wolke sieben. Kannst du dich noch an die Verliebtheitsphase mit deinem Partner bzw. deiner Partnerin erinnern? Auch ich muss erst mal tief in meiner Erinnerungsschublade kramen. Schließlich ist es bei mir schon 30 Jahre her. Eigentlich schon 47 Jahre. Mit 17 war ich ein erstes Mal in meinen Mann verliebt. Wir waren über zwei Jahre zusammen, bis er beruflich in die USA ging und ich zur Uni. Es war eine tolle Zeit, aus damaliger Sicht. Klar durften wir offiziell noch nicht bei dem anderen übernachten. Ich lebte noch im Elternhaus. Mein Mann machte eine Lehre und war nur am Wochenende zu Hause. Doch Eltern sind ja ab und zu mal unterwegs und in den Urlaub durften wir auch gemeinsam fahren. Er zeigte mir eine Welt des Genießens und des Spaßhabens, was es in meinem Elternhaus nicht gab. In seinem Elternhaus stand das gemeinsame Familienessen am Wochenende an erster Stelle. Ich war beeindruckt. Und dennoch, ich hatte keinerlei Pläne für ein längeres Zusammenbleiben. Ich begann zu studieren. Endlich raus aus den elterlichen Zwängen, neue Stadt, neue Freunde und neues Verliebtsein – herrlich: unbeschwert, unbekümmert und ohne Verantwortung. Fünfzehn Jahre später sollte ich diesen Mann heiraten.

Nach einigen festen und weniger festen Beziehungen sowie einigen Berufsjahren als angestellte Architektin war mir klar, ich wollte eine Familie und meinen Beruf an die zweite Stelle setzen. Unbewusst hielt ich Ausschau nach dem Vater meiner Kinder, einem Versorger und Beschützer. Es kam nur einer infrage, der mit mir das teilte, was mir Spaß machte im Leben. Und das war mein damaliger Freund. Wir hatten uns nie wirklich aus den Augen verloren, da wir beide in unsere Heimatstadt zurückgekehrt waren und in den jeweiligen elterlichen Firmen arbeiteten.

Nach 15 Jahren Beziehungspause heirateten wir – „ganz in Weiß". Wir waren überglücklich. Was war das für eine herrliche Zeit – völlig unbekümmert und wahnsinnig neugierig auf den anderen! Wir wollten alles über den anderen wissen, was mag er, was mag er nicht, hat er dies und jenes auch schon mal erlebt und wie hat er darauf reagiert, was war die größte Blamage seines Lebens und so weiter und so fort. Wir haben Partys gefeiert, Freunde bekocht, romantische Urlaube miteinander verbracht, uns in der Badewanne bei Kerzenschein und Cointreau auf Eis geliebt, miteinander gekuschelt. Alles war super, ständiges „Kribbeln im Bauch". Wir gingen achtsam, aufmerksam und tolerant miteinander um. Er war mein Held und alles war harmonisch. Die rosarote Brille halt. Wikipedia schreibt dazu: „Verliebtheit ist ein intensives Gefühl der Zuneigung. Sie wird nach Ansicht von Psychologen von einer Einengung des Bewusstseins begleitet, die zur Fehleinschätzung des Objektes der Zuneigung führen kann. Fehler des anderen können übersehen oder als besonders positive Attribute erlebt werden. Verliebtheit ist kein Dauerzustand, sie besteht als eine Phase über einen längeren oder kürzeren Zeitraum, kann abflauen und sich auflösen oder in Liebe übergehen."

Weiter können wir bei dem Paartherapeuten Dr. Roland Weber in der Zeitschrift „Forschung und Wissenschaft" lesen: „Der wohl größte Fehler ist es, zu glauben, dass die erste Phase der Verliebtheit für immer anhalten wird. Der zweitgrößte Fehler besteht darin zu glauben, dass nach dem Verliebtheitsgefühl die Liebe schwächer oder gar verschwunden sein wird. Nicht ohne Grund unterscheidet man zwischen Verliebtheit und Liebe. Mit jeder weiteren Phase wird die Liebe intensiver und erreicht eine neue und vertrautere Ebene." – Das kann ich bestätigen, genau so habe ich es erlebt.

Ich denke, den wenigsten ist bewusst – ich wusste es jedenfalls damals nicht –, dass die Ausschüttung der Glückshormone nach etwa 18 Monaten versiegt. Manchmal schneller, manchmal langsamer. Plötzlich schauen wir durch „unsere Brille" auf den Partner und entdecken Dinge an ihm, die uns nerven, aufregen oder nicht gefallen. Dann fangen wir an, unseren Partner verändern zu wollen. Jeder von uns bringt seine Prägung mit in die Beziehung. Persönliche Erwartungshaltungen und Forderungen von außen beeinflussen die Partnerschaft.

Was passiert nach der Verliebtheitsphase? Heute trennen sich viele Frauen und Männer bereits nach dieser Phase. Sie wissen oft nicht mit der nächsten Phase, „wenn es Liebe wird", umzugehen. Wir sollten es zulassen. Es lohnt sich! Partnerschaft kann und muss man lernen. Wir gehen zur Uni, studieren sechs bis zehn oder sogar mehr Semester, um den Bachelor oder den Master zu machen. Eine Lehre dauert zwei bis drei Jahre. Nirgendwo lernen wir jedoch, wie ich eine erfüllte Partnerschaft führe. Was tun wir für die Partnerschaft? Mein Mentor sagt: „Liebe ist nicht nur eine Droge, sondern ein ganzes Drogengeschäft. Power Couple ist ein Spiel, welches auf tiefem gegenseitigem Vertrauen beruht. Jeder der beiden Partner wächst zehnmal mehr, als wenn er oder sie allein lebt oder in einer Beziehung lebt, in der sich beide Partner bekämpfen. Eine Beziehung, in der hauptsächlich gestritten wird, entzieht dir fast 100 % deiner Energie. Eine harmonische Beziehung verleiht dir deine Lebensenergie."

PHASE 2: DIE ERSTEN EHEJAHRE

Es geht weiter – wir haben uns entschieden und es gewagt. Verliebt, verlobt, verheiratet. Du bist die Richtige bzw. der Richtige für mich. Wir haben erst mal nur uns. Wir wollen Kinder, und zwar möglichst bald. Es bleibt spannend. Wir bauen uns ein Heim. Wo und wie wollen wir wohnen? Der Film des Lebens ist für jedes Paar unterschiedlich. Wir hatten Glück, unsere Eltern akzeptierten unsere Beziehung. Sie war standesgemäß für diese Kleinstadt. Ein Jahr später kam unser Wunschkind. Alles perfekt.

Wir arbeiteten beide viel in den elterlichen Unternehmen, was nicht einfach war. Die Zusammenarbeit mit Vätern oder auch Müttern ist meist nicht einfach. Mein Vater war sehr dominant und nichts war ihm gut genug. Als Tochter war ich nicht nur für das Fachliche zuständig, sondern auch für das gesamte Team im Architekturbüro. Machte jemand einen Fehler, so bekam ich das zu spüren. Mein Mann, als junger Firmenchef in der elterlichen Firma, wünschte sich mehr Austausch mit seinem Vater in der Firma. All diese beruflichen Dinge bringst du mit in deine Beziehung. Finanziell ging es uns gut. Mein Mann verstand es trotz der beruflichen Umstände und Anspannung, im Privaten seinen Spaß zu haben und sich mit guten Freunden zu entspannen. Meine Schwangerschaft verlief unproblematisch. Bis kurz vor der Geburt kletterte ich auf der Baustelle mit dickem Babybauch auf das Gerüst. Mein Mann hegte und pflegte mich liebevoll. Morgens brachte er mir die erste Tasse Kaffee ans Bett.

Ein gesundes Kind zu gebären, ist für mich das größte Wunder, das wir auf dieser Erde erleben dürfen. Es ist pure Liebe. Alles andere wird nebensächlich. Wenn es uns mal schlecht geht, sollten wir uns öfter an diesen zauberhaften Moment erinnern und dankbar sein. Dieser Moment geht viel zu schnell vorbei. Ein Kind stellt das Leben gehörig auf den Kopf. Wir mussten lernen, unseren Sohn in unsere Partnerschaft zu integrieren. Das kleine Wesen bestimmte nun unseren Tagesablauf und die Nacht.

Wir hatten Glück. Unser Sohn war ein fröhliches, gesundes Kind und hat immer gern gegessen. Die Zeit, in der ich nicht durchschlafen konnte, habe ich schnell vergessen, obwohl das damals für mich das Schlimmste war. Mein Mann und ich waren uns einig, dass ich zunächst nur Teilzeit arbeiten und mir Zeit für unser Baby nehmen würde. So wollte ich es und mein Mann unterstützte mich, soweit er konnte. Und dennoch, die Belastung steigt: Erst sind wir Tochter, dann Freundin, dann eine berufstätige Frau, dann Ehefrau und jetzt auch noch Mutter, und alles wollen wir allein und perfekt machen. Wo das hinführte, erzähle ich dir später ...

Mein Mann kam immer häufiger mit einem düsteren Gesicht aus der Firma nach Hause. Er verlor seine Fröhlichkeit und seinen Humor. Sprach nicht viel über seinen Arbeitstag. Damals wusste ich noch nicht, dass das typisch sein kann für Männer. Sich zu öffnen, ist schwierig für Männer. Wir Frauen wollen jedoch am Leben unserer Lieben teilhaben. Auf meine Frage hin, was los sei, sagte er, er habe ein ungutes Gefühl, was die Firma angeht. Ein Jahr später ging die elterliche Firma insolvent. Für meinen Mann brach eine Welt zusammen. Er hatte sich für diese Familie entschieden und die Position des Versorgers eingenommen. Und nun nichts als Schulden. Wir wussten nicht, wie wir da rauskommen sollten. Es war, als wenn jemand gestorben wäre. Unser „Honeymoon" war vorbei. Unsere Leichtigkeit trotz der Erwartungshaltungen von Eltern und Geschwistern zu erhalten, hatten wir geschafft, doch hier ging es ums nackte Überleben. Wir kündigten den Golfclub, alle Zeitungsabos, verkauften den Oldtimer ...Mein Mann suchte sich einen neuen Job in einer anderen Stadt. Unsere Situation änderte sich gewaltig. Mein Mann war abends und nachts nicht mehr zu Hause. Er kam nur am Wochenende und konnte mich nicht mehr mit der Betreuung unseres Sohnes unterstützen. In seinem neuen Job war er völlig unzufrieden. Ich musste viel Kraft aufbringen in dieser Zeit.

Vier Wochen nach der Geburt arbeitete ich wieder bei meinem Vater im Büro – halbtags. Eine Riesenherausforderung. Kennst du das? Im Büro hatte ich ein schlechtes Gewissen, weil ich nicht bei meinem Sohn war, und versuchte deshalb in vier Stunden das zu bearbeiten, wozu ich sonst acht Stunden Zeit hatte. Und diese Schmerzen in der Brust, wenn die Milch einschoss! Zu Hause bei meinem Sohn gingen mir die Projekte im Büro durch den Kopf. Mein Sohn war noch klein und pflegeleicht, also arbeitete ich von zu Hause aus. Dankenswerterweise hatte ich Unterstützung von den Omas! Am Wochenende musste ich meinen Mann mental und emotional aufbauen.

Wie waren deine ersten Ehejahre? Der Einfluss von außen – sei es der Beruf, die finanzielle Situation, die Erwartungshaltung der Familie und der Freunde – dies alles beeinflusst unsere Partnerschaft. Dass die „Schmetterlinge im Bauch" verflogen waren, habe ich damals gar nicht mitbekommen. Irgendwie haben wir es hingekriegt. Durch die herausfordernden Probleme sind wir zusammengewachsen. Allerdings haben wir in dieser Zeit ein großes Stück unserer Leichtigkeit verloren.

PHASE 3: DIE PFLICHT RUFT – DIE VERANTWORTUNG STEIGT

Jede Beziehung verläuft natürlich anders. Dennoch gibt es viele Parallelen. Wir „stolpern" mehr oder weniger in die Partnerschaft mit all unseren Träumen, unserem Verliebtsein und unseren Erwartungen. Und denken, es bleibt alles wie „am schönsten Tag unseres Lebens" ...

Die Verantwortung steigt – nicht nur mit dem Größerwerden der Kinder, sondern auch die Lebenshaltungskosten steigen. Wir haben mittlerweile Zahlungsverpflichtungen für Essen, Wohnen, Kleidung, Auto, Ausbildung der Kinder, Versicherungen, Urlaube und, und, und ...

Wir hatten es geschafft. Mittlerweile war ich dreiundvierzig Jahre alt, neun Jahre verheiratet und unser Sohn war acht Jahre. Die ersten großen Herausforderungen in unserer Ehe waren gemeistert. Die Rückzahlung der Schulden war geregelt. Mein Mann hatte inzwischen einen Job gefunden, der ihm gefiel. Unser Sohn ging mit Freude in den Kindergarten und später in die Schule. Ich arbeitete als angestellte Architektin in der Altbausanierung – das war immer schon mein Traum gewesen. Ein weiterer Traum war für mich in Erfüllung gegangen, denn meine kleine Familie und ich sind von unserer Heimatstadt nach Naumburg, eine kleine Stadt im Süden von Sachsen-Anhalt, gezogen. Es gefiel uns. Es war gut, nicht mehr in dem Umfeld der Insolvenz gefangen zu sein, und wir fanden ein Stück weit unsere Leichtigkeit zurück. Schnell hatten wir einen sehr netten Freundeskreis und erfüllten uns den Traum einer Altbauvilla. Eigentlich alles toll – oder? Bis dahin waren wir so beschäftigt mit Umzug, neue Stadt, neue Jobs, neues Haus, dass ich gar nicht bemerkte, wie sich unsere Beziehung verändert hatte. Ich kann mich noch daran erinnern, wie ich in unserer neuen Küche auf den Umzugskartons saß und die neuen Küchenschränke einräumte – heulend. Ich war völlig fertig mit den Nerven und fühlte mich schlechtweg überfordert. Warum musste ich alles machen? Wo war der Mann, der mich unterstützte? Dass es aber an mir lag, darauf zu achten, nicht alles allein machen zu wollen, darauf kam ich erst viel später. Wo waren die „Schmetterlinge im Bauch" geblieben?

Ich wollte wieder Schmetterlinge im Bauch haben und suchte mir einen Liebhaber. Mit einem neuen Mann wird alles besser, dachte ich damals. Doch mein großer und mein kleiner Mann haben um mich gekämpft. Ich berichtete bereits in der Einleitung davon.

Interessant: Kaum sind die Probleme weitgehend gelöst, schon treten „Langeweile" und Alltagsroutine ein. Mein Mentor schreibt: „Stell dir vor, du hast einen großartigen Mann gefunden, ein tolles Haus am See gebaut, zwei schicke Autos und dann gehst du nach Hause und zündest alles an und alles brennt nieder – das ist eine Scheidung – nichts mehr da." Eine Ehe ist auch eine Businesspartnerschaft und nicht nur eine Romanze.

Im Nachhinein ist mir klar, was passiert war. Das Leben ist eine ständige Veränderung. Wir brauchen Aufgaben und Ziele. Unsere Bedürfnisse verändern sich. Wir brauchen Abwechslung und Abenteuer. Neues erleben. Nichts ist gefährlicher für eine Beziehung als die alltägliche Routine. Der Magnetismus geht verloren.

Wir erwarten von unserem Partner, dass er uns die Wünsche von den Augen abliest und uns glücklich macht. Schließlich gaukeln uns das die Medien vor. Er ist schuld, wenn es mir nicht gut geht. Ständig wollen wir, dass er so ist, wie ich das will. Durch das ständige Nörgeln verlieren wir unseren Elan und der Partner fühlt sich „kontrolliert". Und wenn wir den Mund halten und den „Müll" nicht entsorgen, läuft das „Fass" irgendwann über und es kommt zum Eklat. Und wer ist schuld daran? Mein Partner natürlich! – Falsch: Du selbst. Ich lese weiter bei Dr. Roland Weber: „Das Verliebtheitsgefühl verschwindet. In der zweiten Beziehungsphase nehmen wir die rosarote Brille ab und sehen plötzlich Eigenschaften und Verhaltensmuster, die wir zuvor an unserer Partnerin bzw. unserem Partner nicht wahrgenommen haben.

In dieser Phase nehmen wir unseren Partner genauer unter die Lupe und entdecken immer mehr Eigenschaften, die uns nicht gefallen. Sobald das Verliebtheitsgefühl verschwindet, erkennen wir immer mehr Unterschiede zwischen uns und unserem Partner. Wir fragen uns, wie wir uns haben so täuschen können. In diesem Moment sehen wir zwar noch das Verbindende, aber auch das Trennende. Kritik zu üben fällt in dieser Phase leicht und wird auch großzügig und gerne ausgeübt. In dieser Phase trennen sich die meisten Paare.

Das ist sehr schade, denn ob man wirklich gut zusammenpasst, weiß man erst nach drei bis vier Jahren. Die Beziehung kann jetzt nur noch Bestand haben, wenn sich beide bewusst machen und akzeptieren, dass es die Schmetterlinge im Bauch nie mehr geben wird. Oft glauben wir, dass es jetzt mit der Liebe vorbei sei, doch genau das Gegenteil ist der Fall: Erst wenn die Verliebtheitsphase vorbei ist, beginnt die wahre Liebe. Der Grund dafür ist, dass wir erst jetzt anfangen unseren Partner so zu sehen, wie er wirklich ist. Da auch wir nicht frei von Fehlern und Macken sind, liegt die Aufgabe jetzt darin, Kompromisse eingehen zu können und unseren Partner so zu akzeptieren, wie er ist."

Und Dr. Roland Weber fährt fort: „Gegensätze werden bekämpft. Die dritte Beziehungsphase ist nicht gerade besser als die zweite. Beide überlegen, ob eine Trennung nicht vielleicht das Beste wäre. Man verstrickt sich immer wieder in Macht-, Revier- und Konkurrenzkämpfe. Keiner von beiden will klein beigeben und jeder will in dieser Phase das letzte Wort haben. Waren wir anfangs sicher, den richtigen Partner fürs Leben gefunden zu haben, so sind wir uns jetzt sicher, diesmal den falschen Partner erwischt zu haben. Am Ende dieser Beziehungsphase wartet jedoch auf beide etwas ganz Wunderbares und elementar Wichtiges für die zukünftige Beziehung: Beide können den Partner so akzeptieren, wie er ist.

Nicht nur mit seinen Stärken – auch mit seinen Schwächen." „Das Ich, Du und Wir. Spätestens in der vierten Phase der Beziehung weiß man genau, wie der Andere beschaffen ist und wie er tickt. Die Machtkämpfe sind vorbei und man setzt nun die Energie für die eigene Persönlichkeitsentwicklung ein. In dieser Beziehungsphase sieht man sich zwar als Paar, man versucht aber auch genug Raum für sich selbst zu finden, ohne dabei den Zusammenhalt aus dem Auge zu verlieren. Dabei die richtige Balance zu finden, ist nicht immer leicht. Man versucht jetzt ein Gleichgewicht zwischen dem ‚Ich', ‚Du' und ‚Wir' zu finden. In dieser Beziehungsphase wächst auch wieder das

Interesse an dem Partner und man lernt viele Seiten seines Gegenübers neu kennen. Hier fördert man zudem die Eigenentwicklung des Partners – er ist eigenständig, gehört aber trotzdem zu mir."

Damals wusste ich von diesen Beziehungsphasen noch nichts. Ich dachte, es geht nur mir so. Heute sehe ich bei vielen Paaren die gleichen Probleme. Der Mann fokussiert sich auf seine Karriere. Er ist großem Stress ausgesetzt und viel unterwegs. Kommt er nach Hause, freut er sich auf die Kinder und seine Frau. Doch statt auch hier die Anerkennung wie im Beruf zu bekommen, die für ihn so wichtig ist, wird er meist von einer unzufriedenen Frau und anstrengenden Kindern empfangen. Die Frau ist meist auch berufstätig, konzentriert sich auf die Kinder und regelt den Haushalt. Für die eigenen Bedürfnisse und die Bedürfnisse als Paar bleibt oft wenig Zeit. Die Kinder werden größer und ihre Ansprüche steigen. Kinder kosten Geld. Irgendwann verlassen sie das Elternhaus. Viele Frauen fallen jetzt in ein Loch und für zahlreiche Eltern bedeutet dies eine große Veränderung für die Beziehung als Paar. Plötzlich haben sie mehr Zeit und sind nur noch zu zweit. Kinder sind oft eine Ablenkung. Sie erfordern die ganze Aufmerksamkeit. Viele Paare bleiben auch nur der Kinder wegen zusammen und trennen sich, wenn die Kinder aus dem Haus sind. Fragen kommen auf wie: Wie geht es mit uns als Paar weiter? Was möchte ich noch vom Leben? Passen unsere Bedürfnisse noch zusammen?

Es ist wichtig, sich immer wieder mit diesen Fragen auseinanderzusetzen. Denn zu einer echten Beziehung – egal in welcher Phase – gehören zwei. Wir starteten in unsere „zweite Beziehung".

So wie bisher wollte ich nicht weitermachen und begab mich auf einen Weg, den ich in dem folgenden Kapitel mit dir teilen möchte.

WIR HABEN NUR EIN LEBEN UND WIR SIND GESTALTER UNSERES LEBENS!

PHASE 4: DIE KÜR – DAS GROSSE FINALE

Juhu – angekommen im vierten Lebensabschnitt! Nach der Pflicht kommt die Kür. Warum müssen wir erst 60 Jahre alt werden, um uns zu trauen, „Nein" zu sagen zu Dingen, die wir nicht mögen? Ich habe jedenfalls so lange gebraucht und es ist immer noch eine Herausforderung. Ich erfülle keine Erwartungshaltungen mehr und ich brauche auch keinem Modetrend oder idealen Frauenbild mehr zu folgen. Was für eine Erleichterung!

„Ich möchte Spaß haben mit meinem Partner und gemeinsam noch viele schöne Momente erleben", berichtete mir eine gute Freundin. „Die Kinder sind aus dem Haus, wir brauchen uns keine Gedanken über das finanzielle Einkommen zu machen, wir haben keinen beruflichen Stress mehr und wir haben eine schöne Wohnung. Alles ist vollkommen entspannt. Wir kommen gut miteinander aus und können den anderen so lassen, wie er ist." Genau so soll es doch sein, oder?

Auch die letzte Phase unserer Paarbeziehung, die für mich noch mal eine große Herausforderung bedeutete, haben wir gemeistert.

Plötzlich, zwei Jahre früher als geplant, wurde mein Mann aus seinem Geschäftsführervertrag entlassen und ging in den vorgezogenen Ruhestand. Von Stress 200 % auf 0 %. Nach all den Jahren der Wochenendehe war mein Mann plötzlich den ganzen Tag zu Hause. Für mich war es, glaube ich, eine größere Umstellung. Schließlich hatte ich mir den Geschäftsmann ausgesucht. Ihm geht es gut. Er genießt es, all das zu tun, wozu er bisher wenig Zeit hatte. Er treibt täglich Sport, plant ziemlich coole Motorradtouren, kocht wie ein Profi, ist als Berater tätig und unterstützt mich bei meinen Projekten. Mein Mentor meinte damals scherzhaft zu mir, als ich ihm berichtete, dass mein Mann „bei mir einzieht": „Dann musst du eine große Wand bauen zwischen dir und ihm mit einem kleinen Loch drin." Was er damit meinte, war, er braucht seine „Cave" – seine Höhle –, wo er sich zurückziehen kann, also seinen eigenen Raum. Den hat er auch bekommen.

Nun, mein „Frauenhirn" meldet sich natürlich auch. Mit einer „Antenne" bin ich immer bei ihm. Wie geht es ihm? Wie ist er gelaunt? Seine Reaktion: „Ich bin kein Baby. Du musst dich nicht sorgen." – Was ich auch gelernt habe: Paare brauchen nicht nur gemeinsame Ziele, sondern auch gemeinsame Projekte. Wir starten nochmals durch und wollen unsere Erfahrung an andere Menschen weitergeben. – Auch das ist Neuland für mich, also mit meinem Mann zusammenzuarbeiten. Es bleibt spannend ... Eine Bekannte sagte so schön, als ihr Mann in Rente ging: „Komm bloß nicht auf die Idee, mir zu sagen, was ich wann machen soll." Was sich zunächst lustig anhört, kann schnell in große „Unlust" ausarten, wenn man nicht richtig damit umzugehen weiß. Denn Männer müssen das „Zu-Hause-Sein" erst mal lernen. Und Frauen müssen das „Mann-ist-zu-Hause" lernen. Beide Partner müssen sich als Paar neu finden. Das ist gar nicht so einfach.

Leider gibt es viele Paare, welche die großartige Chance dieser Lebens- und Liebesphase nicht erkennen und zu schätzen wissen. Sie sind genervt von dem anderen und sitzen sich gelangweilt gegenüber. Ihre Erwartungshaltung, der andere müsste mich doch glücklich machen, zerstört das Wunderbare dieser Zeit. Entweder trennen sich diese Paare schließlich oder sie harren aus, da es sich „nicht schickt", sich zu trennen, oder aber sie können es sich schlichtweg nicht leisten. Wir kennen dieses Dilemma nur zu gut aus der Zeit unserer (Groß-)Eltern.

Ich bin überglücklich und zutiefst dankbar, dass wir es geschafft haben zusammenzubleiben und in der vierten Phase der Partnerschaft angekommen sind. Ja, wir sind durch alle Phasen der Liebe gegangen. Ohne Schmetterlinge im Bauch. Wir haben eine Insolvenz überstanden. Wir haben drei Fehlgeburten, Fremdgehen und eine Wochenendehe überstanden. Wir haben uns zusammengerauft. Wir haben uns beide, jeder für sich und zusammen als Paar, weiterentwickelt. Wir haben gelernt, den anderen so zu schätzen, wie er/sie ist, und lassen jedem seine Freiheit. Wir haben gelernt, mit gegenseitiger Wertschätzung, Akzeptanz und Respekt miteinander umzugehen. Tiefes Vertrauen und innerer Frieden sind gewachsen. Wir können uns hundertprozentig aufeinander verlassen. Wir sind glücklich, dass wir einander haben.

Eine Klientin schrieb: „Es gehört eine Menge Mut dazu, sich auf neue Pfade zu begeben. In unserem Lebenszyklus 50+ sowieso und vielleicht sogar viel Geduld, weil man zum Beispiel in der Partnerschaft ein unterschiedliches Tempo hat. Es gehört unter anderem Geschick und Diplomatie dazu, Bedürfnisse zu artikulieren und einander zu kommunizieren sowie auch den ‚richtigen' Zeitpunkt dafür ausfindig zu machen."

Dr. Roland Weber beschreibt die letzte Phase der Liebe so schön, dass ich seine Worte an dieser Stelle zitieren möchte: „Du bist mein Zuhause!

Diese Phase, die fünfte und letzte Phase der Liebe, ist die schönste, tiefste und vertrauteste Beziehungsphase. Wer hier angekommen ist, kann ohne Masken, Projektionen und Täuschungen von wahrer Liebe sprechen. Leider wird diese wunderschöne Phase heute immer seltener erreicht. Immer häufiger trennen sich Paare in den ersten drei Beziehungsphasen, weil es ihnen an Verständnis und Akzeptanz fehlt.

In dieser Phase hat die Beziehung bereits alle Höhen und Tiefen durchlebt. Es sind viele Dinge passiert, die einen zusammengeschweißt haben. Man hat nicht nur die Stärken und Schwächen des Partners kennengelernt, sondern weiß auch damit richtig umzugehen. Man fühlt sich bei seinem Partner zu Hause.

Da jetzt alle Kämpfe beendet sind, kann die Partnerschaft verstärkt nach außen dringen. Man setzt sich beispielsweise gemeinsam für Dinge ein, findet neue gemeinsame Ziele und schenkt der Partnerschaft einen tieferen Sinn. Ab jetzt wird die Partnerschaft von individuellen Regeln geformt."

Wie ist es bei dir? Es ist nie zu spät, deine Beziehung so zu gestalten, wie du/ihr das möchtet. Im Folgenden zeige ich dir die Werkzeuge, die mir geholfen haben, mich selbst zu entwickeln und meine Beziehung zu gestalten. Diese Werkzeuge habe ich selbst über Jahre ausprobiert und in meiner eigenen Partnerschaft angewendet, bevor ich mein Wissen darüber in vielen Seminaren weitergegeben habe. Denn ich wollte damals wissen: Wie gelingt eine erfüllende Beziehung? Möchtest du das auch wissen? Dann freue ich mich, wenn du jetzt weiterliest.

DAS DESIGN DEINER PARTNERSCHAFT

WIE SIEHT DEIN LEBENSMODELL AUS?

Ist dir bewusst, dass du als Frau dir den Mann aussuchst? Die Natur hat das so vorgesehen. Wir suchen uns unbewusst den Beschützer, Versorger, die starke Schulter und den geeigneten Vater für unsere Kinder. Ich habe es auch so gemacht – unbewusst. Die Tierwelt zeigt es uns. Ob bei den Steinböcken oder den Elefanten – das Weibchen versprüht einen gewissen Duft, wenn es bereit ist zur Fortpflanzung. Der Stärkste ist der Gewinner und bekommt sie. Auch wir „menschliche Weibchen" signalisieren dem Mann, ob er uns gefällt und wie weit er gehen darf.

Wenn wir nicht wollen, hat er keine Chance. Du hast dir deinen Partner ausgesucht! – Bei den Elefanten, wie bei vielen anderen Tierarten auch, bleiben die männlichen Tiere nicht bei der Familie. Sie ziehen von dannen. Die weiblichen Tiere bleiben mit ihren Nachkommen in der Herde zusammen. Ganz ursprünglich war das bei uns Menschen auch mal so. Die Kinder wurden in der Sippe großgezogen. Die Väter spielten keine Rolle. Es ging allein ums Überleben. Seitdem hat sich sehr viel verändert. Die Ehe wurde erfunden ... „Bis das der Tod uns scheidet" sollen wir alles gemeinsam machen?! Das funktioniert nicht und führt zu vielen Herausforderungen in der Partnerschaft, gerade in der heutigen Zeit.

Jahre später wurde mir nicht nur klar, dass ich mir meinen Mann ausgesucht hatte, sondern auch warum. Ich wollte den Geschäftsmann, der im Anzug und Krawatte ins Büro fährt. Einen Mann, der für das Grundeinkommen der Familie sorgen kann. Auch um die Freiheit zu haben, zunächst unsere Kinder genießen und meine Arbeitszeit entsprechend anpassen zu können. Ich liebe gutes Essen, guten Wein und eine schöne Umgebung. Genuss ist für ihn ebenso wichtig.

Ich mochte seine Freunde und seine Hobbys. Was mir gefiel, war, dass er seine Kleider selbst wegräumt, seinen Koffer selbst packt und kochen kann – also autark ist. Ganz banale Dinge, sagst du jetzt bestimmt. Und genau diese kleinen Dinge können eine Beziehung belasten. Mir ist Ordnung wichtig und meinem Mann auch. Unser Sohn sagt schon mal zu mir: „Mama, den übertriebenen Ordnungssinn habe ich von dir geerbt." Für mich bedeutet das Klarheit im Kopf. Es wäre also schon gut, wenn der Partner nicht gerade ein Chaos-Typ ist, sonst gilt es viele Regeln aufzustellen.

Ein Power Couple hat ein Design für die Beziehung. Wikipedia sagt dazu: „Ein Design setzt die präzise Auseinandersetzung mit der Sache und dem Problem voraus. Bevor mit der Gestaltung eines Objektes begonnen werden kann, müssen etliche Fragen diskutiert werden. Probleme müssen aus verschiedenen Perspektiven betrachtet, hinterfragt und analysiert werden." So ist es auch mit einer Partnerschaft. Oder wenn du ein Haus baust, beauftragst du einen Architekten, der gemeinsam mit dir den Entwurf erarbeitet und einen Plan anfertigt. Was für ein Haus möchte ich? Möchte ich ein Haus auf dem Land oder in der Stadt? Wie groß soll es sein? Wie viele Räume soll es haben? Welche Farben soll es haben? Als Erstes gilt es dann natürlich, ein stabiles Fundament zu bauen.

Genauso ist es auch mit einer Partnerschaft. Jeder hat eine Rolle in der Beziehung, die klar definiert werden sollte und auch immer wieder justiert bzw. neu angepasst werden muss. Die Rollen verändern sich und sind unterschiedlich, je nachdem, was du für dich möchtest und in welchem Lebensabschnitt du dich befindest. Wenn du dir klar bist über das Design deiner Partnerschaft, wird aus deinem Haus ein Heim, das dir die Energie gibt, die du in der Berufswelt benötigst, denn Erfolg beginnt zu Hause. Doch leider stolpern die meisten Menschen in eine Beziehung. Sie sind verliebt und glauben, dieses Glücksgefühl hält für immer und ist ausreichend für die Zukunft. Viele Paare müssen sogar heiraten, weil sie ein Kind erwarten und vom sozialen Umfeld zum Heiraten gezwungen werden.

Dein Lebensmodell beginnt damit, dir darüber bewusst zu sein, welches sind deine Werte, welches sind deine Bedürfnisse und wie stellst du dir dein Leben vor. Willst du überhaupt einen Lebenspartner und, wenn ja, welchen Mann bzw. welche Frau stellst du dir vor? Möchtest du Kinder? Wenn ja, wie viele? Wer kümmert sich um die Kinder? Willst du weiterhin berufstätig sein? Wie wirst du mit beruflichen Veränderungen umgehen? Wo möchtest du wohnen? In der Stadt, auf dem Land, in Deutschland? Warum hast du dir deinen Mann bzw. deine Frau ausgesucht? Was genau ist das, was er oder sie beruflich tut? Worüber spricht er oder sie? Wie ist sein oder ihr Umfeld?

SETZE DICH GERNE MAL HIN UND SCHREIBE ES AUF:

Was bedeutet eine erfüllende Partnerschaft für dich?

Was wünschst du dir in einer Partnerschaft?

Lebensfreude, Vertrauen, Respekt, Achtsamkeit, Wertschätzung, Zuhören, auf Augenhöhe?

Was ist dein Lebensmodell?

Was ist sein Lebensmodell?

Wie sieht das gemeinsame Lebensmodell aus?

Sei wieder neugierig auf deine(n) Partner(in). Schließlich hast du sie/ihn dir ausgesucht.

WIE DU TROTZ UNTERSCHIEDLICHER BEDÜRFNISSE EINE HARMONISCHE PARTNERSCHAFT FÜHREN KANNST

Raus aus dem alten Spiel – KAMPF: Ich bekomme nicht das, was ich möchte, also sorge ich dafür, dass du das auch nicht bekommst. Rein ins neue Spiel – KOOPERATION: Ich sorge dafür, dass du das bekommst, was du möchtest. Du sorgst dafür, dass ich das bekomme, was ich möchte.

METIME – YOUTIME – WETIME

Wie bekomme ich eine Beziehung ohne Streit und Drama hin? Wie erhalte ich den Magnetismus und die Dynamik in meiner Beziehung? Wie erreiche ich eine Beziehung, in der mein(e) Partner(in) mich hält, aber nicht festhält? Eine gut funktionierende Beziehung ist wie ein dynamischer Tangotanz. Mal führt er – kraftvoll – und sie gibt sich hin, während sie komplett loslässt und sich führen lässt. Dann übernimmt sie die Führung und er folgt ihr. Kein Widerstand auf beiden Seiten. So entsteht ein leidenschaftlicher, harmonischer Tanz mit viel Bewegung und schönen Figuren. Es braucht Vertrauen, sich fallen und führen zu lassen. Und es braucht Selbstvertrauen, die Führung zu übernehmen, sodass beide harmonisch miteinander verschmelzen können.

Es beginnt damit, dass sich jeder in der Beziehung über seine eigenen Bedürfnisse, die des Partners und der Kinder klar ist. Die Unterschiedlichkeit von Mann und Frau haben wir bereits angesprochen. Genauso unterschiedlich sind auch ihre Bedürfnisse. Es ist immens wichtig, dass wir unsere unterschiedlichen

Bedürfnisse gegenseitig annehmen und sie akzeptieren, auch wenn wir nicht alles gut finden. Akzeptieren heißt nicht assimilieren. Sobald wir dem anderen jedoch etwas aufdrücken wollen, kommt es zwangsläufig zu Konflikten. Wenn wir hingegen aus Rücksicht auf den Partner auf Dinge, die uns viel bedeuten, verzichten, kommt es zu Enttäuschung oder gar zu Verbitterung. Gehe deinen Weg. Mach es nicht abhängig von deinem Partner, sonst machst du ihn am Ende dafür verantwortlich, dass du etwas nicht machst. Er wird dir folgen. Power Couples geben einander die Freiheit und unterstützen sich gegenseitig, dass der andere das bekommt, was er möchte.

Vor einiger Zeit habe ich wieder angefangen, Golf zu spielen. Ich liebe dieses Spiel. Es zeigt mir genau, wie ich drauf bin. Hier kannst du die Wichtigkeit des „Mindset" „hautnah" erleben. Mein Kopf muss total frei sein. Ich darf nichts krampfhaft wollen. Wenn ich denke „Jetzt muss der perfekte Schlag kommen", geht es daneben. Ich muss mich auf Griff, Stand, Richtung und Schwung fokussieren und gleichzeitig nichts krampfhaft wollen. Wie im richtigen Leben, oder? Sobald ich möchte, dass der andere etwas tun soll, wie ich das will, gibt es meist Stress. Ist dir das schon mal aufgefallen? Achte einmal bewusst darauf.

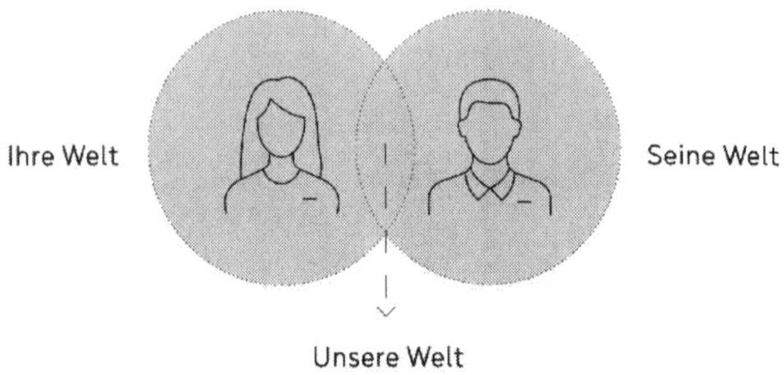

Er lebt in seiner Welt mit seiner Vergangenheit, die ihn geprägt hat, und in seiner Gegenwart mit Menschen, die ihn umgeben. Sie lebt in ihrer Welt mit ihrer Herkunft, die sie geprägt hat, und in ihrer Gegenwart mit Menschen, die sie umgeben. Wenn beide Partner zusammenkommen, heißt das nicht, dass von jetzt an beide Welten sich komplett überdecken. Wichtig ist die gemeinsame „Schnittmenge". Was machen wir gerne gemeinsam?

Das erhält die Spannung und erzeugt einen Magnetismus. Ich kenne ein Ehepaar, das trainiert gemeinsam für einen Halbmarathon und geht zusammen tanzen. Er ist Unternehmer und geht morgens bereits um 5.30 Uhr aus dem Haus und hat meist erst gegen 18.00 Uhr Feierabend. Sie ist halbtags berufstätig und kümmert sich um die beiden Kinder. Da ist es wichtig, etwas als Paar gemeinsam zu unternehmen.

Wie viel Zeit nimmst du dir für deinen Partner bzw. für deine Partnerin? Eine erfüllende Partnerschaft zu führen, bedeutet auch, sie zu pflegen und „dranzubleiben". Unsere Tage sind gefüllt mit Beruf und Alltagspflichten. Wenn ich ein Instrument erlernen möchte oder im Sport mehr erreichen will, braucht es immer eins: Übung, Übung, Übung! Also: Dranbleiben! Manche Menschen sehen dem Feierabend mit Bangen entgegen, weil sie die Konflikte zu Hause fürchten. Vielleicht hoffen sie auf den Urlaub und müssen dann feststellen, dass es auch da zu Unstimmigkeiten kommt. Der eine will dies, der andere will das und die Kinder wollen schon gar nicht, was die Eltern wollen. Unser Sohn hat uns schon in jungen Jahren klargemacht, eher unbewusst, wenn ihr Urlaub habt, möchte ich etwas mit euch unternehmen. In den Kinderklub wollte er nie. Er wollte mit seinen Eltern spielen. Als er etwas älter war, haben wir beim Frühstück ausgetauscht, wer auf was Lust hat. Jeder durfte einen Tag gestalten. Als er dann noch etwas älter war, erklomm er mit seinem Vater den Berggipfel, was nicht unbedingt meine Leidenschaft ist. Ich ließ die beiden losziehen und hatte einen Tag für mich – wunderbar.

Nimm dir ganz bewusst Zeit für deine Beziehung. Verabrede feste Termine für eure „Zeit zu zweit" – eure „WeTime". Am besten einmal die Woche oder auch öfter, wie es am besten für euch passt. Wählt eine ruhige Umgebung ohne Ablenkung durch Handy, Kinder oder sonst was. Diese Termine sind genauso wichtig wie geschäftliche Termine – im Grunde genommen sind sie sogar noch wichtiger, denn die Zeit als Paar stärkt eure Verbindung und verleiht euch Energie.

Wenn du noch tiefer gehen möchtest, kannst du die folgende Übung machen: Jeder darf 15 Minuten über alles sprechen, was ihn oder sie bewegt, und der andere hört einfach nur zu – ohne es zu kommentieren oder die „Stirn zu runzeln". Nach 15 Minuten wird dann gewechselt. Das Ganze wird dreimal wiederholt. Du wirst staunen, wie viel du über deinen Partner bzw. deine Partnerin erfahren wirst. Wo er oder sie gerade steht und welche Bedürfnisse jeder von euch gerade hat. Bedürfnisse verändern sich. Bedürfnisse müssen bedient werden. Dies ist eine kraftvolle Übung, bei der du dein Gedankenkarussell offenlegen darfst, ohne sofort einen Ratschlag zu erhalten. Es gehört Disziplin dazu, diese Paar-Termine einzuhalten und nicht zu bewerten. Und wenn du nichts sagen möchtest, dann ist das auch okay. Dann schweige in deinen 15 Minuten. Du wirst dich jedoch wundern, was alles hochkommt. Gestern war eine Kundin bei mir, die vor zehn Jahren an meinem Seminar teilgenommen hat. Sie erzählte: „Das, was ich aus deinem Seminar mitgenommen habe, war so wertvoll. Ich lebe heute eine ganz andere Partnerschaft. Von meinem damaligen Partner habe ich mich getrennt.

Nach einer Weile als Single wollte ich wieder eine Beziehung. Diesmal habe ich mir wirklich genau überlegt: Was für einen Partner möchte ich denn? Seit drei Jahren bin ich in einer neuen Beziehung und habe genau diesen Mann bekommen. Als wir uns kennenlernten, habe ich ihm klar meine Bedürfnisse und meine Wünsche in einer Beziehung mitgeteilt, sodass er wusste, woran er bei mir ist. Und so gehen wir heute noch miteinander um. Wir legen Wert darauf, immer wieder Anerkennungen auszusprechen, oder wir schreiben uns kleine Zettel mit einer Anerkennung." Sie ist eine junge, erfolgreiche Unternehmerin. „Er gibt mir den Schutz und den Halt. Bei ihm kann ich mich fallen lassen", sagte sie.

Wenn die Harmonie stimmt, ist es wie bei einem Orchester. Sechzig oder oft auch mehr total unterschiedliche Menschen finden sich zusammen und spielen gemeinsam auf den verschiedensten Instrumenten. Jeder einzelne Spieler mit seinem Instrument ist wichtig in genau seiner Position, damit eine großartige Symphonie gespielt werden kann. Alles passt auf den Punkt. Es entsteht eine ergreifende Musik und ein sensationelles Konzert.

Jeder Fehlton wäre sofort zu hören und würde den Musikgenuss zerstören. Zwei Menschen, die sich gegenseitig akzeptieren und unterstützen, können gemeinsam wachsen und Großes erreichen, privat und beruflich.

DIE GOLDENEN REGELN EINER ERFÜLLTEN PARTNERSCHAFT

1. Ich tue das, was ich tue, mit Freude.

2. Ich bringe Freude.

3. Ich nehme nichts persönlich und ich werde nicht persönlich.

4. Ich verzichte auf Kritik, Beschwerden, Jammern und Beschuldigungen.

5. Ich verzichte auf Erklärungen und Rechtfertigungen.

Ich wollte wissen, wie kann ich meine Beziehung retten und was kann ich tun, damit meine Beziehung zu meinem Mann wieder lebendiger wird? Das, was ich dabei gelernt habe und was mir wirklich geholfen hat, möchte ich im Folgenden mit dir teilen.

Als ich in meiner Coaching-Ausbildung zum ersten Mal von diesen Regeln hörte, traute ich mich im Seminar kaum noch etwas zu sagen. Es wurde mir bewusst, wie viel Jammern, Beschuldigungen und Kritik in meinen Aussagen war, nicht nur meinem Mann gegenüber, sondern überhaupt. Ich erschrak förmlich, wenn ich mir selbst zuhörte. Ständig verstieß ich gegen diese Regeln. Was gab ich da von mir? Und ich fühlte mich auch noch im Recht. Worüber sollte ich denn jetzt überhaupt noch sprechen? Über die Jahre sollte ich es in vielen weiteren Trainings lernen. Eine Freundin sagte vor nicht allzu langer Zeit zu mir: „Pia, du sprichst nie schlecht über andere Menschen." Ein tolles Feedback.

ICH TUE DAS, WAS ICH TUE, MIT FREUDE UND BRINGE FREUDE.

Mir fiel auf, dass ich vieles nicht mit Freude getan habe, sondern weil es von mir erwartet wurde oder weil ich dachte, dass es von mir erwartet würde. Ich dachte, ich müsste neben Fulltime-Job und Mutter auch noch die perfekte Hausfrau sein. Statt Aufgaben wie zum Beispiel Einkäufe an meinen Mann abzugeben, habe ich versucht, alles allein zu stemmen, und wurde immer wütender auf meinen Mann. Er kümmert sich um gar nichts! Warum muss ich ihm alles sagen? Sieht er nicht selber, dass der Kühlschrank leer ist? Das war meine Haltung.

Das stimmte natürlich nicht. Später durfte ich feststellen, er hat mich stets gefragt, was er tun kann. Ich hab's schlichtweg nicht gehört. Ich muss es ihm halt sagen.

Klar gibt es viele Dinge, gerade im Alltag, die ich nicht abstellen kann und die nun mal getan werden müssen, wie Küche aufräumen nach dem Kochen oder Wäsche einräumen nach dem Bügeln. Daneben gibt es jedoch auch viele Dinge, die ich durchaus selbst bestimmen kann, zum Beispiel um Hilfe fragen und nicht mehr selbst bügeln. Wenn ich mich traue, es so zu ändern, wie ich das möchte, geht es mir wesentlich besser und den Menschen in meinem Umfeld infolgedessen auch. Heute achte ich sehr darauf, was kann ich abgeben, will ich das tun oder nicht. Ich habe keine Lust mehr darauf, wütend zu sein. Damit geht es mir nicht gut. Und schon gar nicht, wenn ich diese Wut dann an meinem Mann auslasse. Dann ist die ganze Stimmung vermasselt – will ich das? Ich kann es selbst entscheiden – das ist doch super, oder?

Dazu fällt mir spontan meine Familie ein, genauer gesagt die meines Mannes. Mein Schwiegervater trommelte jeden Sonntag die Familie zum Abendessen zusammen. Anfangs fand ich das toll, weil ich das so von zu Hause nicht kannte. Bei uns zu Hause war Essen eher Nahrungsaufnahme und kein Genießen, eine Redeplattform für meinen Vater und seinen beruflichen Stress. Gespräche mit der Familie gab es nicht. Meine Schwiegermutter kochte etwas Leckeres, meist sogar ein Drei-Gänge-Menü. Der Tisch war liebevoll gedeckt mit einer schönen Tischdecke, Blumen, Kerzen, schönem Geschirr, alles farblich passend, mit Gläsern – je ein Glas für Weißwein, Rotwein und Wasser – und Silberbesteck für Vorspeise, Hauptgang und Nachtisch – wie in einem Sternerestaurant. Drei gut aussehende, erfolgreiche Söhne, zwei hübsche, erfolgreiche Schwiegertöchter und drei kleine süße Enkelsöhne nahmen Platz am Tisch meiner Schwiegereltern.

Für mich war das Genuss pur. Mit der Zeit fiel mir auf, dass sich ein Mann nicht wirklich wohlfühlte. Er schaute grimmig und verstummte nach einer Weile. Später, zu Hause, als ich ihn darauf ansprach, sagte er: „Keiner hört mir zu. Sie lassen mich nicht mal ausreden. Alle reden durcheinander." Ich persönlich hatte es zunächst nicht so wahrgenommen. Daraufhin fing ich an, es zu beobachten.

Mir fiel auf, dass unser Sohn, damals etwa ein Jahr alt, anfing zu knötern, sobald wir vor dem Haus meiner Schwiegereltern ankamen. Warum?, fragte ich mich. Gerade zu Hause war er doch noch zufrieden und gut drauf. Was spürte dieses Kind? Ich machte mir Sorgen. Während des Abends hieß es mehrmals, schau doch mal, die anderen beiden – der eine zwei Jahre und der andere sechs Monate alt – sind so lieb und dein Sohn macht „Theater". Mir schwoll der Kamm. Der Sonntagabend war gelaufen. War es das, was mein Sohn spürte? Kinder sind gute Stimmungsbarometer.

Zu Hause zurück, war die Stimmung auf dem Tiefpunkt. Darauf hatte ich natürlich keine Lust. Warum sollte ich da noch hingehen, wenn es meiner Familie nicht guttat? Ich sprach mit meinem Mann darüber. Er war zunächst sehr zögerlich. Konnten wir wirklich diese sonntäglichen Treffen mit der Familie absagen und uns der Ansage des Vaters entziehen? Ja, wir konnten und wir taten es auch. Es fällt unglaublich schwer, sich von den

Erwartungshaltungen der Eltern zu lösen. Kennst du so etwas auch? Selbst als wir umgezogen waren – ich berichtete bereits –, machten die Erwartungshaltungen meines Schwiegervaters selbst vor 800 Kilometer Abstand nicht halt. Immer wieder forderte er Besuche ein. Nicht mehr so häufig, aber dennoch. Durch meine Coaching-Ausbildung traute ich mich nun, dies für mich und meine Familie zu ändern. Ich entschied, ob und wann ich meine Schwiegereltern treffe. Und wenn ich es tue, freuen wir uns aufeinander und ich schenke ihnen meine volle Aufmerksamkeit. Mein Mann fand das gut und interessanterweise meine Schwiegereltern auch. Wenn ich hinter dem stehe, was ich tue, und es gerne tue, kann ich den Menschen im meinem Umfeld Freude schenken.

Eine weitere Situation kommt mir in den Sinn, was passiert, wenn ich etwas nicht mit Freude tue. Mein Mann hatte die Eigenschaft, wenn wir abends eingeladen waren, irgendwann einzuschlafen. Das war mir äußerst peinlich und den Anwesenden auch. Er fand es völlig legitim, da er es von seinem Vater kannte. Mir gefiel es nicht und zu Hause machte ich ihm heftige Vorwürfe deswegen, was nicht gerade zu einem harmonischen Abend beitrug. Später fanden wir dann eine Regel, mit der wir beide umgehen konnten. Wenn er müde ist, geht er nach Hause, bevor er einschläft.

Oder besser noch – wir entscheiden vorher, möchten wir der Einladung folgen oder nicht. Gehen wir gemeinsam dorthin oder nur einer von beiden, der wirklich Lust hat auf die Menschen, die wir dort treffen werden. Denn wenn ich hingehe, habe ich Lust dazu und bringe gute Stimmung. Später habe ich festgestellt, dass er ein guter Energiemesser war. Denn eingeschlafen ist er meist dann, wenn die Kommunikation aus dem Ruder lief – wenn einer zum Beispiel nur noch von sich selbst sprach oder die Themen für ihn nicht interessant waren. Kennst du solche Situationen in deinem Leben? Mach dir klar: Wer bringt dir Freude und wer zieht dich runter? Es ist mit den Menschen in deinem Umkreis wie mit deinem Kleiderschrank: Ab und zu solltest du schauen, passt mir der Schuh noch? Denn die Einflüsse von außen haben eine Auswirkung auf deine Lebensfreude. Und den Frust, der eventuell damit einhergeht, trägst du mit in deine Partnerschaft.

Schaue immer wieder: Will ich das oder will ich das nicht? Heute achte ich sehr darauf. Das funktioniert übrigens auch im Alltag. Ich schaue: Möchte ich heute kochen oder nicht? Zum Glück ist mein Mann ein sehr guter Koch und so können wir uns arrangieren – alternativ gehen wir essen.

Ich darf und muss für mich selbst schauen: Was mache ich gerne, was macht mir Spaß und bringt mir Freude? Das hat überhaupt nichts mit Egoismus zu tun hat, wie du sehr schnell merken wirst. Denn mit dieser Haltung wird es dir und den Menschen in deinem Umfeld besser gehen. Und dann laufen auch die Dinge, die getan werden müssen, wie am Schnürchen. Darüber hinaus hat dies eine positive Auswirkung auf deine Gespräche mit deinem Partner, mit deinen Freunden und sogar mit deinen Kunden. Denn wenn ich selbst Freude habe an den Dingen, die ich tue, dann strahle ich das auch nach außen hin aus.

ICH NEHME NICHTS PERSÖNLICH UND ICH WERDE NICHT PERSÖNLICH.

Auch zu Hause schlief mein Mann sehr gerne ein. Nach einem stressigen Tag – er hatte alles gegeben – war sein Fokus erst mal: Hunger. Wo ist das Essen? Es kam zwar schon die Frage: „Wie war dein Tag, Schatz?", doch wirklich zugehört hat er nicht. Ich freute mich auf die gemeinsame Zeit am Abend – Küche fertig, Kühlschrank gecheckt, Kind im Bett, Termine für den nächsten Tag organisiert. Ich wollte von meinem Tag berichten. Als Architektin und Bauleiterin hatte ich viel zu organisieren, damit es an den Baustellen lief, und nicht immer lief es gut. Ich suchte Verständnis, Bestätigung, Aufmerksamkeit und Trost bei ihm und ein Mitdenken. Er war natürlich auch nicht immer bester Stimmung, wenn er zu Hause war. Ich wollte, dass er ebenfalls von seinem Tag erzählte – doch er machte die Augen zu und schlief, oftmals mitten im Gespräch. Ich war natürlich sauer. Warum hört er mir nicht zu? Habe ich was falsch gemacht? Er liebt mich nicht mehr ... All diese Gedanken. Ich habe dies sehr persönlich genommen und ihm heftige Vorwürfe gemacht: „Du interessierst dich nicht für mich und was hier läuft. Du gehst aus dem Haus und alles hier ist dir egal." Was ich auch sehr gut konnte: die Kommunikation mit ihm einstellen. Eisiges Schweigen. Das waren „passive Angriffe" meinerseits. Er fühlte sich dann wie vor den Kopf gestoßen.

Hier hat mir mein erstes „How to Talk to Men"-Training geholfen. Männer ticken halt so. Heute weiß ich, er ist einfach fertig und nicht mehr empfänglich für weiteren Input und zieht sich in seine „Nothing-Box" zurück, was Männer wunderbar können. Es hat nichts mit mir zu tun und ich gönne ihm seinen Raum. Heute versuche ich, diese Zeit zu nutzen, um mich ebenfalls zu entspannen und die „Schubladen" in meinem Hirn zu schließen. Die wichtigen Dinge, die zu klären sind, werde ich in einem passenden Moment ansprechen.

Heute achte ich sehr darauf, wer wird persönlich mir gegenüber. Denn ich möchte nicht zurückschlagen wie in einem Tennismatch. Normalerweise versuche ich dann den Kontakt zu meiden. Wenn mich jemand aufregt und mich runterzieht, liegt das natürlich auch an mir, und zwar insofern, als ich es zulasse. Aber selbst wenn ich inzwischen weiß, dass ich etwas nicht persönlich nehmen sollte, sondern dass es im Grunde genommen die andere Person ist, die ein Problem hat, fällt es mir schwer, es nicht an mich herankommen zulassen, besonders wenn es mir selbst gerade nicht so gut geht.

ICH VERZICHTE AUF KRITIK, BESCHWERDEN, BESCHULDIGUNGEN, JAMMERN.

Alle diese Dinge kamen mir sofort bekannt vor. Ich machte meinen Mann oft für meinen anstrengenden Spagat zwischen Haushalt und Job verantwortlich, kritisierte ihn ständig und ließ meine schlechte Laune an ihm aus.

Hast du dir schon mal bewusst selbst zugehört, wenn du sprichst? Ist dir dabei aufgefallen, wie viel Kritik da ständig aus unserem Mund kommt? Wir sind so getrimmt, auf das zu schauen, was nicht funktioniert. In den Nachrichten und in der Zeitung, überall hören und lesen wir Kritik und ereifern uns dann auch noch darüber. Auch in unserer Partnerschaft sind wir schnell dabei, den anderen zu kritisieren: „Er hört mir nicht zu."

„Ich kann nicht mit ihm reden." „Er versteht mich nicht." „Das müsste er doch merken." „Sie hängt ewig mit ihrer Freundin am Telefon" und so weiter und so fort ...

Sich zu beschweren, den anderen zu beschuldigen und das damit verbundene Jammern sind weitverbreitet, gerade bei Frauen in Bezug auf ihre Männer. Schon als kleines Kind habe ich das massiv mitbekommen. Meine Oma mütterlicherseits meckerte ständig über ihren Mann. Das war ihr Hauptthema, wenn sie uns besuchte. Diese Eigenschaft hatte meine Mutter leider übernommen. Ob er nicht pünktlich zum Essen kam, ständig seine Schuhe stehen ließ, wo er sie gerade ausgezogen hatte, am Abend zur Jagd ging und sie zu Hause sitzen ließ, nicht mit ihr in Urlaub fuhr, weil er ständig gearbeitet hat, sie ihn um Geld anbetteln musste – all das musste ich mir fast täglich anhören.

Zu der Zeit hatte ich mir schon geschworen, so führst du keine Beziehung. Ich bekomme einen Mann, der mir Aufmerksamkeit schenkt. Achte mal darauf, wie viele Paare es gibt, wo der eine sich über den anderen beschwert. Später, als mein Vater nicht mehr arbeitete, fing er auch an, sich über meine Mutter zu beschweren. Ich saß zwischen zwei Stühlen ... Meine Wochenendbesuche hatte ich mir wahrlich anders vorgestellt. Dieses sich beschweren über den „Liebsten" kenne ich auch aus meiner Generation. Ich kenne eine Frau, die, sobald ihr Mann den Raum verlässt, in unserer Gegenwart über ihren Mann schimpft. Kommt er zurück, wechselt sie das Thema und ist nett zu ihm. „Er tut dies und jenes nicht ..." Sie ist eine selbstständige Frau und tut das, was sie möchte, hat jedoch die Erwartungshaltung, ihr Mann müsste das Gleiche tun und denken wie sie. Selbst ihre

Teilnahme an einem „How to Talk to Men"-Abend hat sie nicht weitergebracht. Viele Frauen wollen nicht wirklich etwas ändern. Denn dann hätten sie niemanden mehr, denen sie die Schuld geben könnten für ihre Unzufriedenheit.

Auch ich musste irgendwann feststellen, dass ich mich über meinen Mann beschwerte. Ich machte ihn ja für mein Unglücklichsein verantwortlich. Vielleicht anders als die anderen. Ich hatte kein „Mädels-Agreement" – kennst du das, wenn Freundinnen sich treffen und erst mal über ihre Männer lästern? Doch unausgesprochene Vorwürfe sind nicht viel besser. Du strahlst aus, was du denkst.

Power Couples verzichten auf gegenseitige Kritik, Beschwerden, Beschuldigungen und Jammern, denn das zieht beide runter. Sie blockieren sich nicht gegenseitig und somit ihren Erfolg. Power Couples haben gelernt, den anderen in seiner Unterschiedlichkeit so zu akzeptieren, wie er/sie ist. Sie ergänzen sich und unterstützen sich gegenseitig, das zu bekommen, was er/sie braucht, und bringen somit das Beste im anderen hervor.

ICH VERZICHTE AUF ERKLÄRUNGEN UND RECHTFERTIGUNGEN.

Kennst du den Spruch: „Sie hat für alles eine Erklärung"? Was löst dieser Spruch in dir aus? Eine Erklärung ist zunächst einmal nichts Schlechtes. Sie dient zur Klärung von Sachverhalten, von Konflikten und Missverständnissen. Wie das am besten funktioniert, darauf werde ich im nächsten Kapitel: „Die Kommunikationswerkzeuge" eingehen.

Die Gefahr bei einer Erklärung ist, dass wir sehr schnell in eine Rechtfertigung abdriften. Durch eine Rechtfertigung versuchen wir, eine Handlung, die unserer Meinung nach richtig ist, zu erklären. Wir sollten uns weder erklären noch rechtfertigen. Achte einmal darauf: Wie fühlst du dich, wenn du dich rechtfertigst bzw. wenn dein Gegenüber sich rechtfertigt? Was kommt bei deinem Gegenüber an? Was kommt bei dir an? Warum glauben wir eigentlich, der anderen Person eine Erklärung zu schulden oder uns gar entschuldigen zu müssen? Wir haben es so gelernt.

Rechtfertigungen tun beiden Gesprächspartnern nicht gut. Wir verhaspeln uns oft in Argumenten, die jedoch nicht wirklich zu einer Lösung führen. In meinem Umfeld höre ich immer wieder: „Ich habe keine Lust mehr, mich für meine Entscheidungen zu rechtfertigen." Mein Mann sagt gerne zu mir: „Pass auf, wem du was erzählst." Leute fragen nach dem „Warum" und drücken dich damit in die Rechtfertigungsposition. Wenn du anfängst, dich zu rechtfertigen, bietest du immer neue Angriffsmöglichkeiten. Und schon musst du dich wieder rechtfertigen. Wir kennen das nur zu gut, wenn sich zwei Menschen, die unterschiedlicher Meinung sind, unterhalten und der eine den anderen zu überzeugen versucht.

Jeder legt seine Argumente auf den Tisch und verteidigt sie. Der andere versucht die Argumentation des anderen zu zerpflücken. Wie geht es dir in solch einer Situation? Du wirst sauer, fühlst dich klein und bist enttäuscht. Der andere ist sauer und vielleicht sogar wütend und denkt: Wie kann man nur so eine Einstellung zu diesem Thema haben? Es kommt zu keiner Lösung oder Einigung. Was passiert? Die beiden werden in

Zukunft dieses Thema meiden, wenn sie noch miteinander auskommen wollen, oder sie reden nie wieder miteinander. Solche Situationen sind häufig zu beobachten, wenn es um das Thema „Impfen" oder „Politik" geht – achte einmal darauf.

Beim Rechtfertigen passiert es meist, dass ich die Schuld im Außen suche. Ich kann das sehr gut bei mir selbst feststellen, und zwar, wenn ich Golf spiele. Fliegt mein Golfball nicht so, wie ich möchte, suche ich sofort nach einer Rechtfertigung im Außen. Die Sonne hat mich geblendet, der Wind kam von rechts, der Flight hinter mir macht zu viel Druck, die Mitspieler in meinem Flight haben geredet und so weiter und so fort. Dabei sollte ich lieber schauen, was habe **ich** gemacht, dass es nicht funktioniert hat, und meinen Stand, meinen Griff, meine Drehung kontrollieren, denn daran liegt es. Golf ist ein idealer Sport, um sich selbst und sein Mindset wahrzunehmen. Es ist schon erstaunlich, was für Gedanken da durch das Hirn schwirren ...

In Partnerschaften lässt sich häufig beobachten, dass er oder sie sagt: „Ich würde ja gerne, aber er/sie will nicht ..." Daraus entstehen Unmut, Unzufriedenheit, Frust und Streit. Wir wenden uns vom Partner ab.

In meinen Trainings übe ich mit meinen Teilnehmer(inne)n, Anerkennungen auszusprechen, und zwar so, dass sie bei dem anderen auch tatsächlich ankommen. Das ist zunächst gar nicht mal so einfach. Die Anerkennung sollte knapp, präzise und klar sein. Ohne Erklärung, warum ich das gut finde, was er oder sie getan hat. „Darling, ich schätze es, dass du mir morgens den Kaffee ans Bett bringst." Punkt. Reicht. Doch ich füge noch hinzu: „... weil dein Kaffee viel besser schmeckt und ich dann noch gemütlich im warmen Bett kuscheln kann." Das hört er schon gar nicht mehr, da er längst auf dem Weg in die Küche ist. Bestimmt kennst du viele Beispiele in deinem Umfeld, wo die Menschen Erklärungen oder Rechtfertigungen abgeben für das, was sie tun oder nicht tun. Achte einmal darauf, wenn du einer Frau sagst: „Du hast ein sehr schönes Kleid an", dann kommt meist eine Erklärung wie: „Oh, das ist schon uralt" oder „Das war ein Schnäppchen" – statt einfach nur „Danke" zu sagen.

Verzichte auf Erklärungen und Rechtfertigungen. Sie ziehen Gesprächspartner nur runter und bringen kein gutes Miteinander. Konzentriere dich auf die Fakten und lass Nachsätze, die mit „weil", „da" oder „aber" beginnen, einfach weg.

WARUM SIND DIE GOLDENEN REGELN SO WICHTIG?

Gerade die alltäglichen Kleinigkeiten führen oft zu Unstimmigkeiten, Missverständnissen und Streit. Besonders wenn wir Kinder haben und beide Eltern dazu noch berufstätig sind oder auch nur einer von beiden. Die Verantwortung und die Anforderungen im Beruf steigen. Die Einflüsse von außen sind immens. Wir wollen jedem und allem gerecht werden. Deshalb ist es umso wichtiger, sich zu überlegen, wer braucht was, damit die Partnerschaft und die Familie funktioniert. Viel zu schnell tritt Routine ein. Langweile und Frust sind vorprogrammiert. Die goldenen Regeln sind ein wunderbares Hilfsmittel, um dem beizukommen.

Jeder hat seine eigene Sichtweise, seine persönlichen Bedürfnisse und seine Grenzen. Darüber sollte offen und wertfrei gesprochen werden. Wer macht morgens das Frühstück und die Pausenbrote für die Kinder? Wer erledigt den Einkauf? Wer kocht? Wer bügelt? Wer nimmt wann die Kinder, damit ich zum Sport gehen kann oder mich einfach mal mit einer Freundin treffen kann oder mit meinen Kumpels ein Bier trinken kann? Wann nehmen wir uns Zeit für die Kinder? Wann nehmen wir uns Zeit für uns als Paar? Wann nimmt sich jeder Zeit für sich? Und so weiter und so fort ... Ich denke, jeder von uns kennt das. Deshalb ist es wichtig, dass jeder in der Partnerschaft Regeln aufstellt, die seinen Bedürfnissen entsprechen. Diese Regeln können stets beliebig erweitert und aktualisiert werden. Welche Regeln hast du? Welche Regeln sind für deinen Partner wichtig? Welche Bedürfnisse haben deine Kinder? Schreibt sie auf. Jeder für sich. Stimmt sie ab. Hängt sie auf, wo ihr sie sehen könnt. Schaut, was funktioniert gut und was funktioniert nicht. Passt die Regeln entsprechend an. Ihr werdet bald feststellen, dass diese Regeln für alle Lebensbereiche wichtig sind. Das funktioniert übrigens auch im beruflichen Bereich. Überall da, wo es auf ein funktionierendes Zusammenspiel mit Menschen ankommt, gibt es Regeln: im Straßenverkehr, im Sport, in der Schule – warum also nicht auch in meiner Partnerschaft? Das hat etwas mit Achtsamkeit und Respekt vor den Bedürfnissen des anderen zu tun. Jeder Mensch hat seine eigenen Bedürfnisse! Es ist nicht ganz so einfach. Es gehört schon Disziplin dazu, die Regeln einzuhalten. Doch es macht auch Spaß und es lohnt sich, weil es jedem damit besser geht. Es beginnt bei jedem selbst. Als Erstes muss ich mir bewusst machen, dass ich selbst verantwortlich bin für das, was ich denke, fühle und wahrnehme. Für meine Gedanken, Gefühle und Wahrnehmungen ist nicht mein Partner oder meine Partnerin zuständig, sondern ich selbst. Ich habe stets die Wahl:

„LOVE IT.“ – UND WENN DU ES NICHT MAGST: „CHANGE IT.“ – UND WENN DU ES NICHT ÄNDERN KANNST: „LEAVE IT.“

Alles, was ich tue, kann ich wie ein Spiel betrachten. Das bringt Leichtigkeit, aber auch Disziplin, denn jedes Spiel hat klare Spielregeln. Und wenn ich etwas tue, tue ich es mit ganzem Herzen. Du wirst merken, dass dich das in deine Energie bringt. Ich bin der Schöpfer meiner Realität. Jede Idee, jede Vorstellung, die ich mit meiner ganzen Energie verfolge, wird zu meiner Realität. Ich beginne, für mich selbst Verständnis, Respekt und Liebe zu empfinden. Aus dieser Haltung heraus beginne ich andere Menschen so anzunehmen, wie sind, und ihre Einzigartigkeit zu respektieren. Diese Entwicklung ist eine lebenslängliche Herausforderung, weil Leben Veränderung bedeutet und weil von außen unzählige Einflüsse auf uns einströmen. Beobachte dich mal selbst. Höre dir mal selbst zu. Was und wie redest du? Ich erschrecke immer wieder über mich selbst, wie viele Bewertungen, Kritik oder Beschwerden da immer noch aus mir herauskommen. Immerhin kriege ich es mit. Manchmal lasse ich mich auch von anderen da hineinziehen und dann ärgere ich mich gewaltig. Also: Wachsam sein und lieber mal die Klappe halten. Denn du vergeudest damit nur deine Energie, und das hilft niemandem.

In meiner „Beziehung 1" mit meinem Mann habe ich das „alte Spiel" gespielt. Gerade in Streitsituationen hatte ich das Gefühl: „Irgendwas stimmt hier nicht. Ich bin nicht schuld. Er ist schuld, dass wir aneinandergeraten. Also werde ich ihn bestrafen." Meist stellte ich dann die Kommunikation ein und warf ihm böse Blicke zu.

Ich habe gelernt, ein „neues Spiel" mit ihm zu spielen: Ich sorge dafür, dass er das bekommt, was er möchte, und er sorgt dafür, dass ich das bekomme, was ich möchte. Er liebt zum Beispiel Motorradfahren und ich finde es doof. Ich gebe ihm die Zeit. Das Resultat: Ein starker, zufriedener, glücklicher Mann kehrt von seiner Tour zurück. Meist sagt er: „Hier bin ich! Was kann ich jetzt für dich tun?" Ich liebe das Golfspielen. Er mag es nicht. Ich spiele trotzdem.

Manchmal ist es wichtig zu jammern, zu meckern, sich zu beschweren und seine negativen Gefühle loszuwerden. Dafür gibt es eine sehr hilfreiche Übung: Schreib 10 Dinge, über die du dich am Tag aufgeregt hast, auf ein Blatt Papier, zerknülle das Papier anschließend und schmeiß es weg. – Eine weitere Übung: Schreib 10 Dinge auf, die für dich gut funktioniert haben. Damit erzielst du zum einen, dass die negativen Dinge aus deinem Kopf sind und du sie nicht mehr an den Menschen in deinem Umfeld auslässt. Überdies fokussierst du dich mit der Zeit auf die Punkte, die dir gutgetan haben.

Diese Regeln sind ein Vertrag mit dir und deinem Partner. Wenn einer von beiden sie nicht einhält, bekommt er/sie die „Rote Karte". Wenn ihr diese Regeln vereinbart habt, könnt ihr euch jederzeit darauf berufen. Wenn die Regeln nicht eingehalten werden, ist das ein absoluter Beziehungskiller.

WERKZEUGE FÜR EINE GELINGENDE KOMMUNIKATION IN DER PARTNERSCHAFT

Ehekrisen sind Kommunikationskrisen. Stress mit den Kindern sind Kommunikationskrisen. Streit in der Familie, mit dem Chef, mit Mitarbeitern oder mit Kunden sind Kommunikationskrisen. Im Alltag findet „Kommunikation" meist automatisch statt. Wir denken nicht darüber nach und sind uns oft nicht bewusst, wie wir etwas gesagt haben oder wie es bei unserem Gegenüber ankommt. Meist funktioniert das auch recht gut. Erst wenn Missverständnisse auftauchen, ist das ein Anlass, genauer hinzusehen bzw. hinzuhören.

Als Kind lernen wir sprechen. In der Schule lernen wir, uns eine Meinung zu bilden und diese zu verteidigen. Wer Recht hat, ist der Gewinner. Aber wie kommuniziere ich wirklich, um eine funktionierende Verbindung zu meinen Mitmenschen aufzubauen, sodass es allen damit gut geht? Das lernen wir nicht. Die meisten Menschen plappern einfach drauflos, ohne zu überlegen: Wie wirken meine Worte eigentlich auf den anderen? Besonders in der Partnerschaft – bei den Menschen, die wir am meisten lieben – sind wir wenig achtsam. Und es sind nicht nur die Worte, mit denen wir kommunizieren.

„Wir können nicht nicht kommunizieren", sagt Paul Watzlawick, ein österreichischer Kommunikationswissenschaftler. Neben der Sprache und den Worten gehören auch unsere Körperhaltung und Mimik sowie der Tonfall in unserer Stimme zur zwischenmenschlichen Kommunikation. Schenke ich meinem Gegenüber Aufmerksamkeit, indem ich ihm beim Gespräch in die

Augen schaue, oder schaue ich nebenbei auf mein Handy? Etwa 55 % der Kommunikation zwischen zwei Menschen macht die Körpersprache aus, circa 38 % werden über den Tonfall, also über die Stimme transportiert, und nur 7 % macht das gesprochene Wort aus.

Für eine gelingende Kommunikation sind also nicht nur unsere Worte von Bedeutung, sondern ebenso, wie wir etwas sagen. Auch die innere Haltung und Einstellung zu meinem Gesprächspartner sind äußerst entscheidend für ein gutes Gespräch. Wenn wir jemanden nett finden, verläuft auch meist das Gespräch positiv. Unser Hirn ist so programmiert, dass wir in weniger als sieben Sekunden entscheiden, ist dieser Mensch uns sympathisch oder unsympathisch. – Und das, obwohl wir noch kein Wort mit ihm gesprochen haben.

Wenn wir jemandem begegnen, betrachten wir ihn durch unsere „eigene Brille" – beeinflusst von unseren Ansichten und Vorstellungen – und überlegen nicht, wie ist mein Gegenüber wirklich. „Für den ersten Eindruck gibt es keine zweite Chance" heißt es im Volksmund. Das gilt für jeden von uns. Tatsächlich ist es sehr schwierig, aus der „unsympathischen" Wahrnehmung wieder herauszukommen.

Wenn du darauf achtest, wie Menschen wirklich miteinander kommunizieren, wird dir viel Unschönes auffallen. Vielen Menschen ist es egal, wie sie ankommen. Viele Menschen spüren, dass sie bei dem anderen nicht ankommen, wissen aber nicht, warum. Gerade zwischen Mann und Frau höre ich immer wieder die Aussage: „Er hört mir nicht zu" oder „Sie weiß einfach alles besser".

Im Folgenden möchte ich dir einfache und doch sehr wertvolle Kommunikationswerkzeuge an die Hand geben, mit denen du deine Partnerschaft auf ein völlig neues Niveau heben kannst. Du lernst, wie du die Qualität deiner Kommunikation bestimmen kannst. Das Schöne daran ist, wir sorgen zuallererst für uns selbst. Erst wenn es mir selbst gut geht, kann ich anderen meine Aufmerksamkeit schenken. Ich kann sehen, welches sind die Bedürfnisse des anderen, und nehme Dinge nicht mehr so schnell persönlich. Denn meist haben verbale Angriffe nichts mit mir zu tun, sondern es sind die unbewussten Verhaltensmuster des anderen.

Die Werkzeuge sind nicht neu und vielen durchaus bekannt, dennoch werden sie sehr wenig angewendet. Sie machen Spaß und haben mein Leben verändert. Mir persönlich geht es damit besser und die Beziehung zu meinen Mann funktioniert wieder. Aus Frust, Beschuldigungen und Streit sind wieder Vertrauen, Nähe und Harmonie entstanden. Die Basis für inneren Frieden und Erfolg.

OB WIR WOLLEN ODER NICHT: WIR STEHEN IMMER IN BEZIEHUNG ZU MENSCHEN, IN WELCHER FORM AUCH IMMER. ES SIND DIE ZWISCHENMENSCHLICHEN BEZIEHUNGEN, DIE DAS LEBEN LEBENSWERT MACHEN. SEI WIEDER NEUGIERIG AUF DEINEN PARTNER UND AUF DEINE MITMENSCHEN.

POWER TRANSFORMERS – 8 WERKZEUGE, DIE HARMONIE IN DEINE BEZIEHUNG BRINGEN

1. Kontemplation

2. Umgebung

3. Beobachten

4. Zuhören

5. Unterscheiden

6. Feedback

7. Anerkennen

8. Nachgeben

1. KONTEMPLATION

Kontemplation bedeutet Selbstbesinnung. Komm erst innerlich zur Ruhe, bevor du sprichst. „In der Stille liegt die Kraft." Beginne bei dir selbst. Dein innerer Frieden und deine Ausgeglichenheit haben einen Einfluss darauf, wie du auf andere wirkst. Strahlst du oder nicht, ist die Stimme weich oder hart? – All das erzeugt eine Reaktion. Du kennst das bestimmt, einige

Gespräche verlaufen leicht und gut und manche nicht. Es gibt viele Faktoren, die einen positiven Gesprächsverlauf beeinflussen. Einer davon ist: Du bist gut drauf! Nur wenn es mir selbst gut geht, kann ich mich wertschätzend und vorurteilsfrei auf den anderen einlassen. Was ist, wenn wir nicht so gut drauf sind?

Manchmal haben wir - Frau und Mann - die Nase voll von unseren Kindern, dem Spagat zwischen Haushalt und Beruf und unserem Partner bzw. unserer Partnerin. Was können wir tun, bevor uns „der Kragen platzt"? Wie können wir mit unserem Frust umgehen und ihn nicht an unseren Liebsten auslassen? Wie können wir Wutausbrüchen vorbeugen? Wut ist eine natürliche Emotion. Und ja, wir sollten Dampf ablassen – aber nicht an unserem Partner oder unserer Partnerin oder an unserem Kind. Es ist gut, wenn wir unsere Wut spüren, dann können wir lernen, damit umzugehen. Spannungen, Stress, verschiedene Einflüsse von außen, sie alle beeinflussen unsere Beziehung. Es ist wichtig, sich bewusst zu machen, was brauche ich, damit es erst gar nicht zu dieser Überforderung kommt? Es gilt, Situationen, die mich immer wieder unter Stress setzen, frühzeitig zu erkennen und bewusst damit umzugehen. Immer noch herrschen die Mythen: „Mütter und Väter lieben immer ihre Kinder, egal, was passiert!" „Gut erzogene Kinder sind immer brav und tun, was die Mutter und der Vater wollen."

„Eine gute Mutter / ein guter Vater hat immer alles im Griff, vor allem ihre / seine Gefühle." Die Realität sieht anders aus: Babys schreien, Kleinkinder sagen „Nein", ältere Kinder wollen anders, als die Eltern wollen, die Kinder streiten miteinander. Das Resultat: Unterschwellige Gefühle anhaltender Überlastung und Enttäuschung schlagen leicht in Wut auf die Kinder oder den Partner um. Das zu erfüllende „Idealbild" der guten Mutter und des guten Vaters ist in den Köpfen immer noch weitverbreitet. Gefühle der Wut werden deshalb oft verdrängt. Doch deshalb sind sie längst nicht verschwunden. Sie beeinflussen unser Verhalten. Von Wut auf die Kinder oder den Partner überwältigt zu werden, ist eine Erfahrung, der wir uns dann hilflos ausgeliefert sehen.

Vielleicht weil wir als Frau und Mann nicht richtig lernen durften, unsere Gefühle auszuleben. Ärger, Wut, Empörung, Eifersucht, Neid, Trauer mussten wir verbergen. Kein Wunder, wenn sich diese Gefühle dann aufstauen. Und unter Stress, Sorgen, Frust und Erschöpfung kommt es dann zur Explosion. Wir haben die Möglichkeit einzugreifen, bevor uns die Gefühle überwältigen, und können lernen, unsere aggressiven Impulse gegen die Kinder und den Partner zu bändigen. Gerade wir Frauen neigen zu Perfektionismus und wollen alles allein bewältigen! Achte darauf, was ist wirklich notwendig? Vielleicht sieht die Wohnung nicht so ordentlich aus, dafür fühlt sich das Leben besser an. Mir hilft es auch sehr, mich mit Menschen zu treffen, die mich wertschätzen, und mich mit ihnen auszutauschen. Überlege, was muss ich wirklich selbst machen und was kann zum Beispiel mein Partner übernehmen? Eine Familie ist wie eine kleine Firma und du bist die Familienmanagerin. Genieße diese Position.

Gönne dir zwischendurch etwas Schönes, lege eine Pause ein und entspanne. Viele mögen es zu meditieren, zu tanzen, Musik zu hören. Ein Spaziergang tut immer gut, um den Kopf frei zu kriegen. Oder ein schöner Urlaub am Meer oder in den Bergen. Sorge zuerst für dich, dass es dir gut geht – dann geht es allen anderen auch gut. Diese „MeTime"-Termine gehören genauso in deinen Terminkalender wie die geschäftlichen Termine. Erst wenn ich innerlich ruhig und entspannt bin, kann ich mich auf mein Gegenüber konzentrieren und der Kommunikation Qualität verleihen. Und das gilt für Frau und Mann!

2. UMGEBUNG

DER ÄUSSERE EINFLUSS

Warum ist es so wichtig, auf die Umgebung zu achten, in der ich mich befinde und in der sich auch mein(e) Gesprächspartner(in) befindet? Wir werden geprägt durch unser Umfeld: wo und wie wir aufgewachsen sind, ob in einer ländlichen Gegend oder in einer Großstadt, in einer harmonischen Familie mit Geschwistern oder als Einzelkind. War die Mutter zu Hause oder berufstätig? War die Mutter überfordert oder glücklich? Führten die Eltern eine wertschätzende Partnerschaft oder haben sie sich getrennt? All das wirkt sich auf unser Wohlbefinden und unser Verhalten aus. Für mich war sehr früh klar, nach dem Abitur möchte ich in eine größere Stadt, weg aus der Kleinstadt. Ich wollte frei sein von den Meinungen und Erwartungshaltungen meiner Eltern und der Kleinstadtgesellschaft. Hast du deine Umgebung mal bewusst wahrgenommen? Warum lebst du da, wo du lebst? Ist es der richtige Ort für dich? Warum hast du dir dieses Zuhause ausgesucht? Passt es noch für dich?

Ich musste meine Traum-Altbauvilla hinter mir lassen, da mein Mann innerhalb seiner Firma eine neue Position übernahm und wir vom Osten zurück in den Westen zogen. Wir brauchten ein neues Zuhause in einer für uns unbekannten Stadt. Das war nicht ganz einfach. Ich musste meine Vorstellungen vom Wohnen – große Räume und großes Grundstück – aufgeben, denn in einer größeren Stadt ist das Wohnen nun mal teuer.

Wir zogen in ein kleines Reihenmittelhaus. „Hier kann ich nicht wohnen", war meine erste Reaktion, „kein Keller und die Nachbarn können mir auf den Teller schauen." Doch die Lage ist gut. Zentrumsnah und trotzdem im Grünen. Ruhig gelegen in einem sehr schönen Umfeld mit großen alten Bäumen und schicken Häusern.

Wir haben gekauft. Mit den Nachbarn verstehen wir uns super und fühlen uns sehr wohl hier. Wenn ich aus dem Fenster schaue, sehe ich auf die anderen Häuser unserer Reihenhausanlage in den Farben Dunkelrot, Hellgelb und Ocker. Meine Farben. Im letzten Jahr habe ich mein Arbeitszimmer mithilfe meiner Kinesiologin komplett umgestaltet. Wir wählten bestimmte Farben in einer bestimmten Tönung. Wo steht der Schreibtisch? Mit oder ohne Teppich darunter? Welche Bilder sind gut an der Wand und welche nicht? All das hat einen Einfluss auf unser Wohlbefinden und ein entspanntes Arbeiten. Es ist nicht nur das Gebäude, in dem wir leben, sondern auch von dem Stück Land, auf dem das Haus steht, und von dem Wohnort gehen Einflüsse aus. Die Altlasten unserer Ahnen und von Ereignissen wie Krankheit und Krieg haften auf dem Grund und Boden und haben unbewusst einen Einfluss auf uns. Manche Menschen werden sogar krank davon.

Für meine Netzwerkveranstaltungen und Seminare achte ich sehr auf den Raum und die Umgebung. Ich möchte, dass sich meine Teilnehmer wohlfühlen, sodass sie sich voll konzentrieren können. Ich tue es auch für mich. Ich muss mich wohlfühlen, um effektiv trainieren und moderieren zu können. Folgende Faktoren sind für mich ausschlaggebend: Größe, Farben, Muster, Licht und Einrichtung des Raumes, ist der Raum klar? Freundlichkeit und Service des Personals, Qualität des Essens, liegt der Raum in der Natur oder eher im Zentrum einer großen Stadt?

Eine meiner Klientinnen berichtete mir: „Ich ziehe zu Hause mit meinem Büro aus. Es geht gar nicht mehr, seitdem mein Mann im Homeoffice ist und meine Kinder im Homeschooling sind. Ich bin total genervt." Sie arbeitet, seit sie zwei Kinder hat, von zu Hause aus. Als der Mann im Büro und die Kinder in der Schule waren, hat das gut funktioniert. Plötzlich sind alle zu Hause und für den Mann gibt es kein Arbeitszimmer. Also hat sie sich ein Büro angemietet, um entspannt und konzentriert arbeiten zu können.

Nicht nur die Örtlichkeit ist wichtig für unser Wohlbefinden, sondern auch die Menschen, mit denen wir uns umgeben. Achte einmal bewusst darauf, wer tut dir gut, wer tut dir nicht gut. Wie bist du drauf, wenn du mit jemandem gesprochen hast? Ich sortiere immer wieder aus. Es gibt Menschen, von denen kannst du dich fernhalten, und mit anderen musst du umzugehen lernen. In meinem Leben gibt es nur noch eine Person, die mich derartig runterzieht, dass ich drei Tage krank bin. Gespräche funktionieren dann natürlich gar nicht. Das kann und will ich mir nicht antun. Es beeinflusst meine Produktivität und meinen inneren Frieden. All diese Einflüsse sind da, ob wir sie wahrnehmen – bewusst oder unbewusst – oder nicht. All diese Einflüsse wirken auf unsere

Kommunikation. Bei jedem Menschen. Wenn wir die Menschen in ihrer Umgebung wahrnehmen, hilft es uns, viele Dinge nicht persönlich zu nehmen. Gerade wir Frauen haben ein gutes Gespür, wahrzunehmen, wie die Stimmung im Raum ist. Viel zu oft tendieren wir dazu, es persönlich zu nehmen: Was habe ich falsch gemacht? Es hat überhaupt nichts mit dir zu tun.

WANN FÜHRE ICH EIN GESPRÄCH, DAMIT ICH GEHÖRT WERDE?

Die meisten Menschen sind mit sich beschäftigt. Sie befinden sich in ihrer eigenen „Blase". Probleme sollten nicht zwischen „Tür und Angel" und schon gar nicht per WhatsApp angesprochen werden. Dadurch entstehen meist Missverständnisse, Streit und Frustration. Wir erhalten nicht die nötige Aufmerksamkeit. Schließlich habe ich ein Anliegen und möchte ein Ergebnis. Wenn ich die Umgebung bewusst wahrnehme, kann ich die Kommunikation so leiten, dass ich mein Ziel erreiche. Eine Klientin in einem meiner Kurse hatte ein Problem mit ihrem Chef. „Ich habe das Gefühl, ich komme nicht an ihn ran. Er ist viel unterwegs, und wenn er im Büro ist, ist er ständig in Meetings oder am Telefon.

Ich habe dringende Themen mit ihm abzustimmen." „Was genau machst du?", war meine Frage. Sie marschiert in sein Büro und spricht sofort drauflos. Sie ist meist leicht verunsichert, da sie davon ausgeht, dass er sie gleich wieder abwimmelt. „Ja und?", sagst du jetzt vielleicht. „Dann muss er halt mal hinhören." Besser ist es, dass wenn sie sieht, dass er beschäftigt ist, ihr Anliegen kurz und knapp zu formulieren und einen Termin zu vereinbaren: „Ich sehe, Sie sind sehr beschäftigt. Ich habe dennoch zwei dringende Punkte mit Ihnen zu besprechen. Bis übermorgen brauche ich Ihre Entscheidung. Wann passt es Ihnen? Treffen wir uns im Meeting-Raum? Da sind wir ungestört." Oder eine junge Frau, die gerade ihr zweites Kind bekommen hat, empfängt völlig gefrustet ihren Mann abends demonstrativ am Bügelbrett, drückt ihm noch in der Eingangstür das schreiende Baby in den Arm und überschüttet ihn vorwurfsvoll mit den stressigen Themen ihres Tages. Klar, denkst du jetzt, sie braucht Aufmerksamkeit. Bekommt sie die in dem Moment? – Nein. Ihr Mann, der sie gerne unterstützt, hat auch einen anstrengenden Tag hinter sich und stand auf der Nachhausefahrt im nervigen Stau.

Wir haben gelernt (siehe Kapitel: „Wie ticken Männer?"), dass Männer nicht mehrere Themen gleichzeitig bearbeiten können. Sie müssen erst mal runterkommen und brauchen ihre „Cave-Time". Erst dann können sie dir die Aufmerksamkeit schenken, die du benötigst. Klar sollte ein schreiendes Baby sofort versorgt werden, doch braucht es noch das Bügelbrett?

Deine Themen solltest du zu einem späteren Zeitpunkt anbringen, wenn du wirklich gehört werden willst. Es ist wichtig, darauf zu achten, dass die Umgebung stimmt. Ich gehe zum Beispiel sehr gerne mit meinem Mann spazieren, wenn es heikle Dinge zu besprechen gibt. Durch die Bewegung lösen sich die Gedanken im Kopf. Oder wir gehen in ein schönes Restaurant, um uns ganz auf ein Thema konzentrieren zu können, und die anderen Themen bleiben dann mal zu Hause.

UMGEBUNG WAHRNEHMEN HEISST: WIE IST DIE STIMMUNG? IST ER/SIE EMPFANGSBEREIT?

3. BEOBACHTEN

DER BEOBACHTER BESTIMMT DAS BEOBACHTETE. WIR SEHEN DIE WELT, WIE WIR SIND – NICHT WIE SIE IST.

„Beobachten" gehört zu einem meiner liebsten Tools. Wenn du es bewusst anwendest, kannst du so viel mehr über Menschen, ihre Kommunikation und auch über ihre Umstände lernen. Schau in das Gesicht deines Gegenübers – schau ganz genau hin (aber starre dabei nicht!) –, wenn du etwas sagst. Wie kommt es an? Hört er/sie dir zu? Strahlt er/sie oder wird er/sie sauer? Fühlt er/sie sich unangenehm berührt? Es ist so ein bisschen wie „Topfschlagen": kalt ... kälter ... warm ... wärmer ... Kennst du das Spiel aus deinen Kindertagen?

Es ist gar nicht so einfach. Die meisten Menschen sind in ihrem eigenen Gedankenkarussell gefangen, gefärbt von ihren Erfahrungen, Meinungen und Gefühlen. Wir schauen durch „unsere eigene Brille". Sofort bewerten wir: „Der/die oder das gefällt mir; der/die oder das gefällt mir nicht; das ist gut, das ist nicht gut; ich würde das anders machen; der oder die ist arrogant ..." Jeder Mensch nimmt in seinem Gegenüber etwas anderes wahr. Das hat damit zu tun, was ich durch „meine Brille" sehe.

Deshalb bin ich vorsichtig geworden mit Meinungen über einen anderen Menschen. Du kennst das bestimmt: Zwei Menschen treffen einen anderen Menschen. Ich sage: „Den finde ich nett", und du sagst: „Der geht für mich gar nicht." Genaues

Beobachten hilft, festzustellen: Wer ist sie oder er wirklich? Was genau ist ihr oder sein Bedürfnis oder was ist das genaue Problem? Das hilft nicht nur in der Familie, sondern zum Beispiel auch im Kundengespräch. Wenn ich mein Gegenüber sehe, kann ich besser eine Verbindung zu ihr oder ihm aufbauen. Ich kann mich entspannt zurücklehnen und meine volle Aufmerksamkeit auf meine(n) Gesprächspartner(in) richten.

Eine schöne Übung, um die Beobachtung zu schulen, ist ein Spaziergang. Also Gedankenkarussell aus und hinschauen. Was sehe ich? Was höre ich? Was rieche ich? Was nehme ich wahr? Ohne zu bewerten. Es tritt eine friedliche Ruhe ein. Genauso kannst du Situationen wahrnehmen. Beobachte dich auch mal selbst. Gerade noch war ich gut drauf und plötzlich stellst du eine Müdigkeit oder Wut in dir fest. Was ist passiert? Mit wem hattest du Kontakt?

Ich erinnere mich noch gut an eine geschäftliche Einladung mit meinem Mann in Hamburg zur Einweihung einer Büroetage im Dachgeschoss. Von der Dachterrasse aus hatte man einen traumhaften Blick auf das monumentale Hamburger Rathaus. Vornehme Adresse. Und so war auch das soziale Umfeld, meist Männer – alle vornehm und erfolgreich. Wir kannten niemanden und kaum einer beachtete uns. Wir fühlten uns sichtlich unwohl. Mein Gedankenkarussell drehte sich schnell: Ich würde als Gastgeber darauf achten, dass meine Gäste Kontakt zu den anderen Gästen bekommen und sie einander vorstellen.

Oder warum spricht mein Mann nicht jemanden an? Es sind meist Männer, da kann ich mich als Frau doch nicht vordrängen. Da wir nicht sofort wieder gehen konnten, versuchte ich, das

Beste daraus zu machen. Es ergab sich ein Gespräch: „Was machen Sie beruflich?" Während mein Mann antwortete, schaute ich in das Gesicht des jungen Mannes, während er erzählte – an welcher Stelle leuchteten seine Augen?

Bald hatten wir das gemeinsame Thema von ihm und meinem Mann gefunden – Motorrad fahren. Man konnte sehr schön beobachten, wie viel mehr Spaß sie mit diesem Thema hatten. Der Abend war gerettet. Früher habe ich Netzwerktreffen gehasst. Alle marschieren dahin, um sich und ihr Business vorzustellen und sich zu verkaufen. Die wenigsten interessieren sich wirklich für dich. Heute mache ich das anders. Ich beobachte – wer ist da? Mit wem habe ich Lust, mich zu unterhalten? Ich bin zunächst mal neugierig auf mein Gegenüber, höre interessiert zu und beobachte. Ich kann mich erst mal ganz entspannt zurücklehnen. Irgendwann – meist dauert es etwas – kommt dann die Frage: „Und was machen Sie?" Das macht Spaß. Menschen brauchen Aufmerksamkeit. Wenn du sie ihnen schenkst, werden sie sich garantiert an dich erinnern.

Nimm dir doch mal bewusst vor, deinen Partner zu beobachten. Bei welchen Themen wird er lebendig und strahlt? Bei welchen Themen wird er ernst? In vielen Gesprächssituationen mit meinem Mann schaue ich bewusst in sein Gesicht, um zu ergründen: Mag er das Thema oder nicht? Ist es für ihn interessant oder nicht – oder ist es nur der falsche Zeitpunkt? Wie reagiert er auf was?

Sei neugierig und interessiert, so als wenn du sie/ihn jetzt erst kennenlernst. Gerade wenn man schon in einer längeren Partnerschaft ist, denkt man, man kenne ihn oder sie „in- und auswendig". Du wirst staunen, was du alles entdeckst.

4. ZUHÖREN

„ZUHÖREN MIT OFFENEN OHREN“

Wann hast du das letzte Mal jemandem wirklich zugehört? Wann hat dir das letzte Mal jemand zugehört, wo du das Gefühl hattest – das war super? Es tut gut, wenn jemand aufmerksam zuhört, und zwar beiden Gesprächspartnern. Ich liebe es, (den meisten) Menschen zuzuhören.

Wirklich zuhören heißt, sich ausschließlich auf das Anliegen des anderen zu konzentrieren. Es fällt schwer, eine wohlwollende, neutrale Haltung einzunehmen, ohne zu bewerten oder zu kritisieren. Wir müssen unsere eigenen Meinungen, Urteile und Gefühle zeitweise zurückstellen. Meist sind wir bei uns und in unserer eigenen Gedankenwelt unterwegs. Gerade in der Partnerschaft reden wir oft drauflos und wundern uns, wenn wir nicht gehört oder verstanden werden. Und schon herrscht dicke Luft.

Wir alle kennen sicherlich die Situation, ich will ihm jetzt unbedingt was erzählen und er klebt an seinem Smartphone. Oder aber wir denken, ich weiß eh schon, was er/sie antworten wird, und hören nicht hin. Mein Mann und ich arbeiten beide im Homeoffice. Jeder ist in seinen Projekten vertieft. Wenn es etwas abzustimmen gibt, haben wir uns beide angewöhnt zu fragen: „Kannst du mir mal grad zuhören?"

Allzu oft reagieren wir mit Ratschlägen oder Belehrungen und drängen auf eine Lösung. Aber ist das wirklich gewollt?

Zuhören setzt Offenheit und Aufnahmebereitschaft voraus. „Aktives Zuhören" bedeutet nicht nur, den Sachverhalt zu erfassen, sondern auch die Gefühle dahinter und die Bedürfnisse. Jemandem aufmerksam und zugewandt zuzuhören, löst positive Gefühle und eine wohlwollende Grundstimmung aus. Zuhören hilft die Perspektive des Gegenübers kennenzulernen und sich in die andere Person hineinversetzen zu können. Zuhören hilft Missverständnisse zu vermeiden und aufzuklären. Zuhören schafft Vertrauen und fördert die Kompromissbereitschaft. Wirklich zuhören, das können nur ganz wenige Menschen.

Zeige Interesse für dein Gegenüber. Frage nach, wenn dir etwas nicht sofort klar ist. Sei neugierig, wer ist er/sie wirklich – nicht nur verbal, sondern auch nonverbal. Blickkontakt, offene, zugewandte Haltung und den anderen ausreden lassen sind tolle Kommunikationsverstärker. Genaues Zuhören ist eine wichtige Fähigkeit für das Gelingen einer Partnerschaft – sowohl im Business als auch privat – und macht Spaß.

Ich kann mich noch gut an meinen Sohn erinnern, der, wenn er aus der Schule kam, nie etwas erzählte, obwohl ich ihn danach fragte. Oft später am Tag, völlig zusammenhanglos, fing er an zu berichten, was ihn beschäftigte. Ich dachte, wo ist er denn jetzt, und brauchte etwas Zeit, seine Anliegen einzuordnen. Vielleicht kennst du das auch, wir sind so getrieben vom Alltag, von den vielen Dingen, die es zu erledigen gilt, und dann werden wir auch noch via Smartphone mit unzähligen Informationen geflutet, dass wir oftmals gar nicht mehr richtig zuhören. Ja, wir sind leider Gottes auf dem besten Weg, das genaue Zuhören zu verlernen.

Oder Menschen, die dir Fragen stellen, aber deine Antwort gar nicht abwarten, sondern selbst antworten oder gleich schon die nächste Frage stellen. Zunächst hast du das Gefühl, sie sind an dir interessiert. Nach einer Weile bemerkst du jedoch, dass sie völlig bei sich selbst sind. Die meisten Menschen hören nicht zu. Sie hören zu, um zu antworten.

5. UNTERSCHEIDEN

Mit den Werkzeugen „Kontemplation", „Beobachten" und „Zuhören" haben wir bereits die ersten Schritte unternommen, unsere ungeteilte Aufmerksamkeit auf unser Gegenüber zu richten. Weg von Wertung und Interpretation. Mit dem Werkzeug „Unterscheiden und Sortieren" erfassen wir den Energielevel. Was funktioniert? Was funktioniert nicht? Was beeinflusst die Stimmung? Mit dem Werkzeug „Unterscheiden" können wir die Kommunikation in eine wertschätzende und gelingende Richtung lenken. Wenn mein Kopf frei ist, wenn ich genau hinschaue und aufmerksam zuhöre, stelle ich leicht fest, wo die abnehmende und wo die zunehmende Energie ist. Wann schaut er/sie mürrisch oder gelangweilt und wann wirkt er/sie lebendiger? Bei welchen Themen blüht er/sie auf?

Bei uns gibt es immer noch einige Themen, die meinem Mann lästig sind, doch für mich ist eine Klärung wichtig, und zwar genau in diesem Moment. Man kann sich wohl denken, wie er reagiert – ziemlich mürrisch und die gute Laune ist dahin. Ich schaffe es auch heute noch, weiterzubohren, und denke dann oft, er soll sich nicht so anstellen. Leider bringt das nicht viel – er ist grimmig und ich bin sauer.

Da ich doch schon etwas Erfahrung habe, weiß ich, es liegt an mir. Meist bin ich nicht gut drauf und muss erst mal etwas für mich tun. Denn wenn ich gut drauf bin, kann ich das Thema in dem Moment loslassen, und wenn es wirklich wichtig ist, spreche ich es zu einem besseren Zeitpunkt an. Ich weiß auch, wenn es mir gut geht, kann ich die Energie des Gesprächs wenden, indem ich ein Thema finde, das ihm gefällt. Bei meinem Mann funktionieren die Themen „Motorradfahren", „Kochen" und „Wein". Bei mir das Thema „Partnerschaft". Was bringt dich zum Leuchten? Was bringt deinen Partner zum Leuchten? Beobachte das mal.

Das Werkzeug „Unterscheiden" kannst du in allen möglichen Situationen und Gesprächen anwenden. Es ist sehr wichtig und schafft Klarheit, zum Beispiel in der Familie und auch in Teams. Wie ist die Energie? Was braucht es, damit der Energielevel steigt? Gerade in meinen Coachings achte ich darauf und gebe Feedback: „Da wirst du lebendig – da schaust du ganz böse." Ein Navigator – weg von unseren Konzepten hin zu dem, was du wirklich willst.

Mit dem nächsten Tool – „Feedback" – zeige ich dir, wie du das, was du wahrnimmst, wertschätzend aussprechen kannst.

Durch die Beobachtung bemerkst du den Unterschied: gleich oder anders, lebendig oder starr, wach oder zurückgezogen.

6. FEEDBACK

SAGEN, WAS ICH SEHE, OHNE ZU BEWERTEN

Jetzt kommt die hohe Kunst, das, was ich sehe und wahrnehme, auszusprechen, und zwar ohne Bewertung, Interpretation und Vorwurf, sodass der andere es annehmen kann und sich nicht verletzt fühlt. Für mich ist ein gelingendes Feedback zu geben, das schwierigste Tool. Es bedeutet: Ich gebe eine Rückmeldung über das, was mir am Verhalten des anderen missfällt, ohne zu kritisieren. Feedback geben dient dazu, Missverständnisse zu klären, Schwachstellen zu beseitigen sowie Ansprüche und Erwartungen zu formulieren. Professionelles Feedback schafft eine gute Stimmung, stärkt das gegenseitige Verständnis, hilft dabei, Vertrauen aufzubauen, und verbessert das Ergebnis.

Ich erinnere mich noch gut an eine Situation. Ich hatte einen Vortrag vor etwa 70 Zuhörern gehalten. Der Raum war rechteckig und an der langen Seite des Raumes befand sich eine entsprechend lange Bühne. Ich liebe es, mich auf der Bühne zu bewegen und Blickkontakt zu den Zuschauern herzustellen. Nach dem Vortrag gab es noch einen kleinen Umtrunk. Ich stand mit einigen Anwesenden in der Runde und wir unterhielten uns über das Thema meines Vortrags: „Die unterschiedliche Kommunikation von Mann und Frau". Viele fanden sich dort wieder. Eine Bekannte, die selbst viele Vorträge hält, stieß zu uns und fragte: „Pia, darf ich dir ein Feedback geben zu deinem Vortag?" „Ja, gern", antwortete ich. Schließlich interessierte es mich, wie mein Vortrag angekommen war und wie ich gewirkt hatte.

„Du bist auf der Bühne zu viel hin und her gelaufen." Wumm – das hatte gesessen. Vor allen Anwesenden. Ich fühlte mich sofort in der „Rechtfertigungsposition" – was ich tunlichst unterließ, da zu viele andere Frauen und Männer in der Runde standen, und sagte nur: „Danke." Kennst du dieses Gefühl? Wir fühlen uns angegriffen und sind sauer. Aus ihrer Sicht hat sie es sicher nicht böse gemeint. Einen Unterschied hätte es gemacht, wenn sie gesagt hätte: „Aus meiner Sicht ..." Später, als ich den Raum verließ, kam eine andere Frau, die mit mir in der Runde gestanden hatte, auf mich zu und sagte: „Pia, mach dir nichts draus. Dein Vortrag war super." Was will ich dir damit sagen? Du erinnerst dich: Jeder Menschen schaut durch seine eigene Brille mit seinem eigenen Bewertungsschema.

„Feedback" ist ein sehr wichtiges Kommunikationswerkzeug. Richtig angewendet, kann ich damit vieles im privaten und im beruflichen Bereich „navigieren". Sobald mehrere Menschen zusammenarbeiten oder zusammenleben, braucht es einen Verhaltensfahrplan, damit Ziele erreicht und Leistungen verbessert werden. Die Menschen fühlen sich motiviert und wertgeschätzt.

WARUM IST ES SO SCHWIERIG, KONSTRUKTIVES FEEDBACK ZU GEBEN?

Meist liegt es daran, dass wir emotional involviert sind. Naturgemäß passiert dies im privaten Bereich schneller als im beruflichen Bereich. Statt uns in der Partnerschaft auch professionell zu verhalten, lassen wir unseren ganzen Frust an unseren Liebsten aus.

In unserer Krisenzeit war ich großartig darin, meinen Mann mit Ignoranz und Vorwürfen zu strafen, wie zum Beispiel: „Immer muss ich dich daran erinnern ..."; „Nie kommst du mal selber auf die Idee ..." Solche Vorwürfe trieben meinen Mann zur Weißglut. Wie ist es bei dir? Ich kenne viele Frauen, die sich bei ihren Freundinnen über das Verhalten ihres Mannes beschweren. Sie wissen genau, was er nicht tut und wie sie es von ihm erwarten. Leider sind sie aber nicht in der Lage, es ihrem Partner zu sagen. Wenn wir die vorherigen Tools benutzen – „Kontemplation", „Umgebung", „Beobachten", „Zuhören", „Unterscheiden und Sortieren" –, sind wir schon mal auf einem guten Weg, unsere Emotionen in den Griff zu bekommen, um ein konstruktives Feedback geben zu können.

Denn wir wollen ja eine Lösung und die Beziehung stärken und nicht belasten. Wie gebe ich ein positives Feedback, sodass Kritik, Vorwürfe, Ratschläge und erst recht Lästern vermieden und stattdessen Lösungen erreicht werden und die Beziehung nicht darunter leidet? Und wie erreiche ich, dass mein Partner bzw. meine Partnerin das Feedback annehmen kann, ohne beleidigt oder sauer zu sein? Viele begeben sich „reflexartig" in die Verteidigungsposition oder weichen der Situation aus, wenn sie sich verletzt fühlen.

Während meiner Coachingausbildung hatte ich sehr an diesem Tool zu knabbern. Ich bekam von meinem Mentor immer wieder Feedback. Anfangs habe ich es nicht verstanden und es als Kritik aufgefasst. Viel später habe ich erst verstanden, wie sehr ich daran gewachsen bin. Gelingendes Feedback braucht eine gute Vorbereitung und eine möglichst objektive Wahrnehmung. Vereinbare einen Termin mit deinem/deiner Partner(in) für das konkrete Thema: „Feedback geben". Möglichst zeitnah. Wählt einen Raum, wo ihr ungestört seid. Wichtig ist eure innere Haltung: Er ist mein Held, den ich mir ausgesucht habe! Sie ist meine Königin, die ich auserwählt habe! Und nicht: Dieser Scheißkerl! Diese blöde Kuh! Er oder sie wollte dich nicht absichtlich ärgern. Mit dieser Haltung kannst du schon mal eine ganze Menge Druck rausnehmen.

Bereitet die Themen genau vor: Worum geht es konkret? Was sind die aktuellen Themen? Was funktioniert und was funktioniert nicht? Was sind die Fakten? Was ist geschehen? Was hast du wahrgenommen? Konzentriere dich auf das Geschehene und nicht auf die Charaktereigenschaften. Versuche so objektiv wie möglich zu sein. Stelle dir vor, jemand betrachtet die Situation von außen. Was würde er/sie sehen?

Sei konkret. Statt zum Beispiel zu sagen: „Immer kommst du zu spät nach Hause", ist es besser zu sagen: „Die letzten drei Abende bist du eine halbe Stunde später nach Hause gekommen als vereinbart". Oder statt zu sagen: „Du bist so unzuverlässig. Ich sitze hier und warte mit dem Abendessen. Deine Firma geht immer vor", ist es besser zu sagen: „Ich denke dann sofort, wir sind nicht wichtig für dich, und fühle mich mit dem ganzen Haushalt und den Kindern alleingelassen."

Was wünschst du dir? Auch hier ist eine klare Ansage hilfreich. Zum Beispiel: „Ich wünsche mir, dass du zur vereinbarten Zeit zu Hause bist. Wenn du es mal nicht schaffst, sag mir bitte frühzeitig Bescheid. Bist du damit einverstanden?"

Probiere es mal aus! Feedback schafft Klarheit.

7. ANERKENNEN

DIE QUALITÄT UNSERER BEZIEHUNGEN
BESTIMMT DIE QUALITÄT UNSERES LEBENS.
FÜR DIE QUALITÄT DEINER BEZIEHUNGEN
BIST DU SELBST VERANTWORTLICH.

Die Bedürfnispyramide nach Maslow

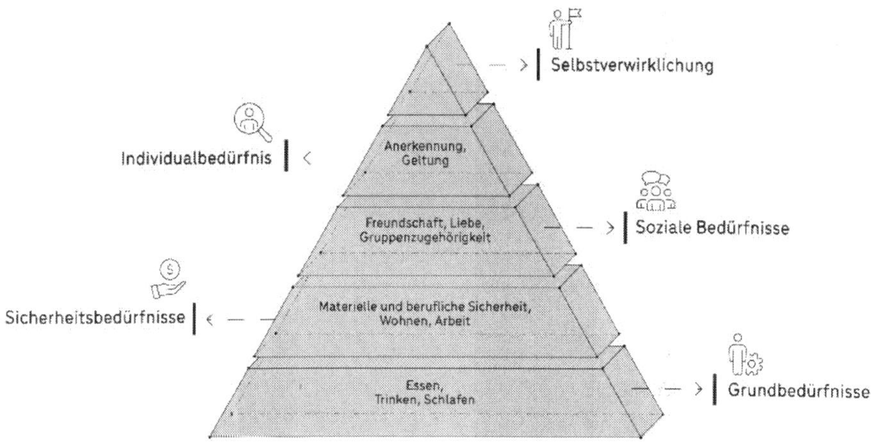

Anerkennung ist ein natürliches Bedürfnis von uns Menschen. Wir wollen gesehen, geachtet, beachtet und wertgeschätzt werden. Abraham Maslow, ein amerikanischer Psychologe, stellte bereits 1943 die Bedürfnispyramide des Menschen auf. Nach unseren Grundbedürfnissen wie Essen, Trinken, Schlafen; unserem Bedürfnis nach Sicherheit wie materielle und berufliche Sicherheit, Wohnen und Arbeit; sozialen Bedürfnissen wie Freundschaft, Liebe und Gruppenzugehörigkeit steht Anerkennung als Individualbedürfnis an zweitoberster Stelle. An oberster Stelle steht die Selbstverwirklichung.

„Anerkennen" ist eines meiner Lieblingswerkzeuge. Wenn du eine Anerkennung aussprichst, beginnt dein Gegenüber zu strahlen. Und was passiert bei dir? Du strahlst auch. Anerkennung ist für mich eine positive, wertschätzende Haltung Menschen gegenüber. Eine Anerkennung auszusprechen, schafft eine gute Verbindung und motiviert einen Menschen. Dies funktioniert nicht nur bei deinem Partner und bei deinen Kindern, sondern mit allen Menschen in deinem Umfeld. Du erreichst damit ein harmonisches Miteinander, nicht nur im privaten, sondern auch im beruflichen Bereich.

Jetzt rollst du vielleicht mit den Augen. Puh, wofür sollte ich meinen Partner, meine Kollegin, meinen Chef anerkennen? Er macht dies nicht und jenes nicht ... Ja genau, was uns nicht gefällt, das fällt uns sofort ein. Hast du das schon mal bemerkt? Achte einmal darauf. So ging es mir damals auch ...

Ich sitze in dem modernen Büro in der 3. Etage in München mit all den chic gekleideten, fröhlichen Seminarleiterinnen und bin ziemlich aufgeregt. Was werde ich heute alles hören? Will ich es wirklich hören? Kennst du das auch mit diesen „inneren Widerständen"? Heute ist der zweite Tag meines ersten, viertägigen „How to Talk to Men"-Seminars (und es sollte nicht das letzte sein). Ich hatte ja schon erwähnt, dass dieses Training meine Welt ziemlich durcheinandergewirbelt hat. Wir sind beim Kommunikationswerkzeug „Anerkennen" angekommen. Von Komplimenten und Lob hatte ich ja schon mal gehört, aber Anerkennung?

Wir machten die erste Anerkennungsübung: „Wofür möchtest du dich anerkennen?" „Was hast du heute getan, wofür du dich anerkennen möchtest?" Das ist gar nicht so einfach. Das meiste sehen wir als selbstverständlich an, dabei tun wir so vieles am Tag. Und sich selbst an die erste Stelle zu setzen, das geht gar nicht. Erst viel später habe ich begriffen, eigene Anerkennung hilft mir dabei, dass es mir gut geht. Nur wenn es mir gut geht, kann ich dafür sorgen, dass es meiner Familie gut geht. Innehalten, eigene Anerkennung für sich aussprechen, das bedeutet, die Aufmerksamkeit auf die Dinge in meinem Leben zu richten, für die ich dankbar bin, und sich selbst wertzuschätzen. Nur wenn ich mir selbst etwas wert bin, kann ich Wertschätzung weitergeben, und nur dann kommt auch die Wertschätzung anderer bei mir an. Seit damals ist viel passiert. Heutzutage werden viele Seminare zum Thema „Selbstliebe" angeboten – die Basis für jegliche zwischenmenschlichen Beziehungen. Das Tool „Anerkennen" kann dir dabei helfen. Also noch mal: Wofür möchtest du dich anerkennen?

„Ich möchte mich dafür anerkennen, dass ich morgens rechtzeitig aufstehe."

„Ich möchte mich dafür anerkennen, dass ich dafür sorge, dass mein Sohn morgens sein Frühstück bekommt und rechtzeitig in der Schule ist."

„Ich möchte mich dafür anerkennen, dass ich morgens rechtzeitig im Büro bin." ...Was immer es auch ist!

Alle Seminarteilnehmerinnen standen im Kreis und jede war aufgefordert, sich selbst anzuerkennen. Es war schon sehr emotional. Die nächste Frage lautete: „Wofür möchtest du deine Nachbarin anerkennen?" „Was hat sie getan, was dir gut gefallen hat?" Es kamen Aussagen wie: „Ich möchte dich dafür anerkennen, dass du mir in den Pausen so aufmerksam zugehört hast." „Ich möchte dich dafür anerkennen, dass du mir einen Kaffee mitgebracht hast." Es entstand eine ganz besondere Stimmung auf Herzensebene. Ja, und genau so soll es auch sein.

Ich fühle mich gesehen und wertgeschätzt. Es entsteht eine Verbindung zwischen den Menschen. Es ging weiter ... Nächste Frage: „Wofür kannst du deinen Mann anerkennen?" Mir fiel nichts ein. Stattdessen schwirrten mir sofort die Dinge, die ich zu bemeckern hatte, durch den Kopf. Nun, wofür sollte ich ihn denn anerkennen? Er kennt mich doch jetzt fast 40 Jahre. Ich weiß, wie er ist, und er weiß, wie ich bin. Ich wuppe den ganzen Laden zu Hause, mit Kind und Job. Er geht morgens aus dem Haus und konzentriert sich nur auf seinen Job. Ich sitze im Büro und bin überdies gedanklich bei unserem Kühlschrank und im Kindergarten. Kritisieren, nörgeln, böse Blicke, schmollen – das konnte ich gut.

Ich fuhr nach Hause, war sichtlich verzweifelt und völlig durcheinander, wegen all der Dinge, die ich in diesen vier Tagen gehört hatte. Ich wusste mir keinen Rat. Wo sollte ich anfangen? Schließlich wollte ich meine Beziehung retten. Ich hatte keinen Bock mehr auf ewigen Streit, sondern wollte endlich Frieden. Ich fing also an, das Werkzeug „Anerkennen" auszuprobieren. Das hieß, ich musste hinschauen, meinen Mann beobachten, meine volle Aufmerksamkeit auf ihn richten, Bewertungen aus meinem Kopf streichen.

Ich musste mich fragen: „Was tut er, was mir gefällt?" und es ihm aus tiefstem Herzen sagen. Statt zu meckern, dass er den Spaghetti beim Kochen zuschaut, habe ich ihn dafür anerkannt, wie köstlich seine Spaghetti schmecken. Er guckte mich misstrauisch an – was will sie denn jetzt? Wir sind Anerkennung nicht gewohnt, deshalb ist es schwierig, sie anzunehmen. Statt einfach nur „Danke" zu sagen, gehen wir gleich in eine Erklärung: „Das ist doch nichts Besonderes." Oder: „Das hab ich doch schon immer so gemacht." Das Werkzeug „Anerkennen" funktionierte. Zugegeben, es war nicht einfach. Ich musste mich ordentlich zusammenreißen, meine Aufmerksamkeit auf die Dinge zu lenken, die mir gefielen. Die Stimmung wurde langsam besser. Mit der Zeit konnte ich wieder den Mann in ihm sehen, den ich geheiratet hatte. Er liebt diese Anerkennungen. Wenn er heute etwas tut, worauf er stolz ist, und möchte, dass ich das wahrnehme, sagt er selbst: „Dafür möchte ich jetzt bitte ein Anerkennung."

WOFÜR KANNST DU DEINEN PARTNER ANERKENNEN?

„Ich erkenne meinen Mann dafür an, dass er an unserer Beziehung festgehalten hat."

„Ich erkenne meinen Mann dafür an, dass er mit mir an unserer Beziehung gearbeitet hat und weiter daran arbeitet."

„Ich erkenne meinen Mann dafür an, dass er mir den Freiraum lässt, Golf zu spielen."

... oder all die kleinen Dinge im Alltag: „Ich erkenne meinen Mann dafür an, dass er mir morgens eine Tasse Kaffee ans Bett bringt."

Mein Mann möchte dafür anerkannt werden, dass er mittlerweile die Küche aufräumt, während die Spaghetti kochen.

Versuch's doch einfach mal. Sprich heute drei Anerkennungen aus für deinen Partner oder für jemanden in deinem Umfeld. Und beobachte, was passiert. Eine Anerkennung sollte aufrichtig gemeint sein. Männer spüren sofort, ob du es ernst meinst oder sie manipulieren willst. Eine Anerkennung sollte kurz, klar und präzise ausgesprochen werden für etwas, was der andere getan hat und was dir gut gefällt. Am besten zeitnah. Das Tolle daran ist, er merkt es sich.

Warum ist so schwierig, eine Anerkennung auszusprechen, und warum tun wir das so selten? Du kennst bestimmt den Spruch „Nicht getadelt ist genug gelobt". Den habe ich oft von meinem Vater gehört. Wir sind es schlichtweg nicht gewohnt, andere verbal anzuerkennen. Oft denken wir, es sei eine ausreichende Anerkennung, wenn wir nicht kritisieren oder uns nicht beschweren. Für Kinder haben wir sofort eine Anerkennung parat, wenn sie etwas gut gemacht haben.

Eine Coaching-Kundin rief mich an und bat um einen Termin. Sie hat demnächst ein Gespräch mit ihrem Chef und möchte neue Arbeitszeiten mit ihm abstimmen. Sie weiß, er hat viel zu tun, und selbst wenn sie einen Termin bei ihm hat, ist es schwierig, seine volle Aufmerksamkeit zu erhalten. Ihr Anliegen: Wie führe ich dieses Gespräch am besten? Ich riet ihr, sich möglichst im Klaren darüber zu sein, was genau sie mit ihm besprechen wolle. Langsam sprechen mit Pausen, damit er die Chance hat, etwas zu sagen. Als Gesprächseinstieg zunächst erst mal anerkennende Worte für ihn finden, die sie auch ernst meint. Ihre Aufmerksamkeit auf ihn richten, so hat sie bessere Chancen, seine Aufmerksamkeit zu erlangen. Er war zwar nicht begeistert, da Personalmangel herrscht, aber sie hat das bekommen, was sie wollte.

ÜBUNG 1:

Setze dich abends hin und schreibe 10 Dinge auf, die du an diesem Tag gemacht hast, wofür du dich anerkennen möchtest.

Anschließend schreibst du 10 Punkte auf, für die du deinen Mann anerkennen möchtest, was er an diesem Tag gemacht hat.

ÜBUNG 2:

Eine schöne Übung ist auch, diese Anerkennungsrunde in der Familie zu machen, zum Beispiel beim Abendessen. Jeder darf drei Dinge sagen, für die er/sie anerkannt werden möchte. Dies funktioniert auch mit Kindern. Anschließend spricht jeder jedem eine Anerkennung aus.

Und dann schaust du, was passiert. Wie verändert sich die Stimmung? Du erkennst, was deine Familie bewegt. Mach ein Spiel daraus.

Schließlich sind es die Liebsten, die du hast.

Jemanden anzuerkennen, ist mehr, als einer Person ein Lob auszusprechen oder ihr ein Kompliment zu machen. Anerkennung bringt das Beste im Menschen hervor.

Wichtig bei einer Anerkennung:

- Welches konkrete Verhalten ist es, das mir gefällt? Was hat der andere getan, das mir guttut?
- Welche positiven Gefühle ruft dies bei mir hervor?
- Welches Bedürfnis wird dadurch befriedigt?

8. NACHGEBEN

WILLST DU RECHT HABEN ODER GLÜCKLICH SEIN? FÜHREN DURCH NACHGEBEN

Es geht weiter mit meinem Seminar in der 3. Büroetage in München. Das Kommunikations-werkzeug „Nachgeben" steht heute auf dem Programm. Ich rolle schon die Augen. Was soll ich denn noch alles tun? Was tut er? Klar, Frauen sind immer diejenigen, die nachgeben sollen. Als Kind hatte ich schon erlebt, dass meine Mutter oft klein beigegeben hat und dadurch meist ziemlich wütend auf meinen Vater war. Ständig beschwerte sie sich bei mir über ihn. Das wollte ich nicht. Ich hatte mir vorgenommen: In meiner Beziehung wird es so etwas nicht geben. Ganz habe ich das nicht hinbekommen, sonst würde ich ja nicht hier sitzen.

Warum ist Nachgeben so schwierig? In meinem Architektenjob war ich darauf getrimmt, mich durchzusetzen, vor allem auf der Baustelle als Bauleiterin gegenüber den meist männlichen Handwerkern. Nachgeben hatte für mich etwas mit Schwäche, Unwissen und Weichei zu tun. Doch wurden wir in der Schule nicht schon dazu erzogen, wer „recht" hat, ist der Gewinner? – Heute frage ich mich eher: „Willst du recht haben oder glücklich sein?" Nachdem sich mein innerer Widerstand gelöst hatte, wurde mir klar, es ist völlig egal, ob meine Meinung die richtige ist oder nicht. Hauptsache ich komme zu einem Ergebnis.

„Nachgeben heißt nicht Aufgeben; wer nachgibt, der führt!" Puh – auch heute wurde meine Welt gehörig auf den Kopf gestellt. Der Unterschied ist: Wer aufgibt, fügt sich einfach in das, was kommt. Mit Führung oder den eigenen Zielen hat das nichts mehr zu tun. Es wird nur noch akzeptiert und die Führung wird den anderen überlassen. Nachgeben bedeutet nicht, auf alles zu verzichten und eigene Ziele aus den Augen zu verlieren.

Eine Win-win-Situation anzustreben von der beide Seiten profitieren können, funktioniert besser. Klingt recht simpel, bedeutet aber auch, bereit zu sein, den eigenen Standpunkt zu verlassen und sich darauf zu konzentrieren, was dich gemeinsam mit deinem Gegenüber weiterbringen könnte. Gerade in Partnerschaften können wir das beobachten. Nach dem ersten Verliebtsein kommt oft die Phase, in der wir beginnen, den Partner ändern zu wollen. Er bzw. sie soll bestimmte Dinge so machen, wie ich das für richtig halte. Wir schauen durch unsere Brille, das ist unsere Welt der Wahrnehmung. Nehmen wir doch noch mal das Beispiel „Spaghetti kochen". Ein ganz banales Beispiel, doch gerade diese kleinen Situationen im Alltag sind es, die zu Konflikten führen.

Ich hatte es mir in den Kopf gesetzt, dass mein Mann, während die Spaghetti kochen, schon mal die Küche aufräumt. Für mich ist dies das Selbstverständlichste auf der Welt. Da er mit Hingabe in den Kochtopf schaute und sich in seiner „Nothing-Box" wohlfühlte (was ich damals noch nicht wusste), fing ich an, seinen Kram in die Spülmaschine zu räumen bzw. zu spülen, begleitet von Vorwürfen, weil ich ziemlich schlecht gelaunt war. Der Streit war vorprogrammiert.

Recht haben wollen erzeugt Druck und Druck erzeugt meist Gegendruck. – Wie können wir die Situation ändern, damit beide glücklich und zufrieden sind? Ich gab nach. Er liebt es zu kochen, und er liebt es, beim Kochen – solange es Besteck in der Schublade gibt – dieses zu benutzen und herumliegen zu lassen. Ein Horror für mich. Bei ihm ist die Küche halt ein Schlachtfeld, wenn wir essen. Bei mir ist die Küche aufgeräumt.

Wir trafen die Vereinbarung, wenn er kocht, überlasse ich ihm die Küche. Er darf schalten und walten, wie er möchte, und räumt nach dem Essen die Küche auf. Nun gut, die Küche ist dann nicht ganz so sauber, wie wenn ich das machen würde, aber dafür bekomme ich etwas Leckeres zu essen und muss nicht selbst kochen. Durch diese Regel bekommen wir beide das, was jeden von uns zufriedenstellt. Mein Mann darf den Spaghetti beim Kochen zuschauen und ich kann mich entspannt zurücklehnen und mich auf ein köstliches Spaghettigericht freuen.

Es gibt eine sehr schöne Übung dazu, die ich in meinen Seminaren praktiziere. Ich erinnere mich noch an eine Situation, wo wir einen großen, kräftigen Mann als Teilnehmer hatten. Wir stellten ihn mit einer zierlichen Frau, die Schuhe mit hohen Absätzen trug, Rücken an Rücken. Sie sollten zeigen, wer führt. Beide drückten mächtig gegeneinander. Der Mann grinste, schaute auf die Frau hinunter und meinte, das sei doch eine Kleinigkeit für ihn. Die Frau hielt ganz gut dagegen. Sie bewegten sich nicht wirklich viel von der Stelle. Dann begann sie dem Druck des Mannes nachzugeben. Immer noch Rücken an Rücken ließ sie sich von ihm schieben und marschierte mit ihm durch den Raum. Was meinst du, wer hier die Führung übernommen hat? Sie! Sie nutzte seine Kraft und bestimmte die Richtung. Probiere diese Übung mal aus! Wichtig ist immer, in Verbindung zu bleiben. Es öffnet die Augen, das körperlich zu spüren. Wie kann ich das ins Verbale übertragen?

Wie kann ich den Druck, der mir entgegenkommt, nutzen? Wir alle kennen den Spruch „Der Klügere gibt nach". Doch wie mache ich es, dass ich trotzdem das bekomme, was ich möchte, und es beiden damit gut geht? Wichtig ist zu verstehen, dass weder meine Bedürfnisse noch die meines Gegenübers unterdrückt werden, sonst erreichen beide Parteien kein Ergebnis. Beobachte einmal, wie Menschen miteinander sprechen. Jeder hat seine Meinung und will sie als die einzig richtige durchsetzen. Ich kann aber auch sagen: „Interessant, so habe ich das noch gar nicht gesehen. Ich lasse mir das mal durch den Kopf gehen." In der Partnerschaft ist das oft schwieriger als mit Freunden oder im beruflichen Umfeld.

Mit dem Partner sind wir emotional verbunden. Und irgendwie glauben wir, warum auch immer, dass der Partner dieselbe Sichtweise haben müsse wie wir. Das stimmt aber nicht. Kämpfe nicht länger darum, „recht" zu haben, denn das hat jeder – aus seiner Sicht – ja schon. Du wirst sehen, mit dieser Haltung wird es leichter.

Die Kommunikationswerkzeuge, die ich dir hier vorgestellt habe, sind alle miteinander verbunden. Ich sage immer gerne, ich habe stets meinen Werkzeugkoffer dabei und schaue, welches Werkzeug gerade wichtig ist. Meist sind es mehrere. Je nach Bedarf wende ich sie an. Es funktioniert! Zunächst muss ich mich auf die Situation und mein Gegenüber einstellen. Das heißt, ich muss Störfaktoren im Umfeld ausschalten, zu mir selbst kommen und mir klar werden, worum geht es hier. Dann richte ich meine Aufmerksamkeit auf mein Gegenüber.

Ich beobachte und höre interessiert zu. Was ist das Problem, was ist das Bedürfnis meines Gegenübers? Was für ein Mensch ist er oder sie? Ich gebe Feedback, ich erkenne an und ich gebe nach, indem ich die Sichtweise des anderen zu erfassen versuche. Ich gebe dem Betreffenden Recht, denn aus seiner eigenen Wahrnehmung heraus hat er ja auch Recht. Ich liebe es, andere Sichtweisen kennenzulernen. Das macht das Leben bunt und gibt mir viele Impulse, auch im beruflichen Bereich. Probiere es einfach mal aus. So wie ich. Du wirst ein Feingefühl dafür bekommen, wie Menschen miteinander kommunizieren und miteinander umgehen. Lass uns anfangen, dies praktisch umzusetzen.

NUR DIE STARREN ÄSTE BRECHEN IM STURM.
Kanadisches Sprichwort

NACHWORT

Ich habe eine Weile gebraucht, dieses Buch zu schreiben. Bereits vor zehn Jahren hatte ich die Gedanken zu einem Buch, was dann aber wieder in der Schublade versunken ist. 2016 starb mein immer so starker Vater nach einer schrecklichen Alzheimerkrankheit. So eine Krankheit kann dich ziemlich aus der Bahn werfen. Bei mir war es jedenfalls so. Der Tod meines Vaters konfrontierte mich mit der Endlichkeit des Lebens und brachte mich zum Nachdenken: Was will ich noch mit dem Rest meines Lebens anfangen? Was kann ich den Menschen geben, das ihr Leben besser macht? Deshalb dieses Buch.

Es ist mir ein Herzensanliegen, den Menschen Mut zu machen, dass es sich lohnt, Zeit in eine Partnerschaft zu investieren und sich nicht gleich zu trennen oder nur nebeneinander auszuharren. Zwischenmenschliche Beziehungen sind das Wertvollste und Schönste, was wir im Leben haben, wenn man weiß, wie sie funktionieren. Ich habe versucht, dir in diesem Buch die Punkte zu erläutern, die mir geholfen haben und immer noch helfen, eine erfüllte Beziehung zu leben. Zu wissen, dass jeder Mensch unterschiedlich ist und auch so sein darf, die Kommunikationswerkzeuge zu kennen und anzuwenden, haben meine Beziehung gerettet. Gerade in unserer heutigen Zeit ist es wichtiger denn je, gute menschliche Verbindungen zu haben. Wir sollten auch nicht vergessen, irgendwann erreichen wir alle den Lebensabschnitt, wo wir aus dem Berufsleben ausscheiden und uns in den letzten Abschnitt unseres Lebens begeben. Willst Du gemeinsam oder einsam alt werden?

Eine erfüllte Beziehung zu leben, ist lebenslanges Lernen. Wir verändern uns persönlich. Unsere Lebensumstände verändern sich – und das ist schön.

Eines der wohl bekanntesten und sympathischsten Power Couple sind Barack und Michelle Obama. Als sie Barack heiratete, hätte Michelle nie gedacht, eines Tages die First Lady der Vereinigten Staaten von Amerika zu sein. Sie beschreibt ihren Werdegang mit allen Höhen und Tiefen sehr schön in ihrem Buch „Becoming" in den Kapiteln „Becoming me – ich werden" – „Becoming us – wir werden" – und „Becoming more – mehr werden".

Wäre es nicht wunderbar, wenn du am Ende deines Lebens wie Frank Sinatra sagen könntest: „I did it MY WAY"? Er hatte ein sehr bewegtes Leben und hat erst in seiner vierten Ehe sein Glück gefunden.

Wenn auch du wissen willst, wie führe ich eine erfüllte Partnerschaft, dann lade ich dich herzlich zu meinem Seminar ein. Denn kennen heißt nicht können. In vielen Trainings habe ich immer wieder an mir und meiner Beziehung gearbeitet. Wenn auch ihr wissen wollt, wie führe ich eine erfüllte Beziehung, lade ich euch sehr herzlich ein zu dem Seminar „Power Couple". Nehmt euch die Zeit, eure Partnerschaft auf die nächste Stufe zu heben. Mit zahlreichen Übungen kommt ihr vom Kopf ins Fühlen. Dieses Training macht Spaß und kostet weniger als eine Scheidung. Es richtet sich sowohl an Paare als auch an Singles, die einen Partner suchen.

Weitere Infos findest du hier:

www.vondenhoff-coaching.com

Alternativ kannst du auch diesen QR Code mit deinem Smartphone einscannen:

DANK

Mein Dank gilt meinem Mann, der immer an meiner Seite ist, an mich glaubt und mich stets zu diesem Buch motiviert hat. Ich danke meinem Sohn, der mit uns unsere Beziehungskrise gemeistert hat. Ohne meine Autorencoachin Ulrike Luckmann wäre dieses Buch nie entstanden. Sie hat mir die Struktur gegeben, mich motiviert zu schreiben, an mich geglaubt und mich durch den Schreibprozess geführt.

Meinem Mentor möchte ich danken, dass er mich an die Themen „How to Talk to Men" und „Power Couple" herangeführt und durch stetiges Feedback trainiert hat.

LITERATURHINWEISE

Königin und Samurai, Veit und Andrea Lindau, Kailash Verlag 2018, ISBN 978-3-424-63124-1

Beyond Mars and Venus, John Gray, BenBella Books Inc., 2017, ISBN 978-1-942-95229-9

Becoming, Michelle Obama, Goldmann Verlag 2018, ISBN 978-3-442-31487-4

Hallo Tarzan, Gigi Tomasek und Birgit Engel, Rowohlt Verlag, 2004, ISBN 3 8052 0761 1

How to Talk to Men – The Geisha and the Gorilla, Mia Sage, Miamar Productions 2012, ISBN 978-1-939-30500-8

Unbox Your Relationship, Tobias Beck, GABAL Verlag 2019, ISBN 978-3-86936-938-9

Liebe Dich selbst und entdecke, was dich stark macht, Eva-Maria und Wolfram Zurhorst, Goldmann Verlag 2012, ISBN 978-3-442-22022-9

Das YIN Prinzip, Daniela Hutter, Goldmann Verlag 2016, ISBN 978-3-442-22168-4

FRAUEN – fast eine Liebeserklärung, Florian Schroeder, Rowohlt Verlag 2017, ISBN 978-3-499-63285-3

Wenn Du den Raum betrittst, geht die Sonne auf – wertschätzende Kommunikation für den Alltag, Heike Hoch und Lola Amekor, 2013, ISBN 978-3-00-043 774-8

Spiele der Macht: Wie Frauen sich durchsetzen, Marion Knaths, Piper Verlag 2009, ISBN 9783492252508

Das Arroganz Prinzip, Dr. Peter Modler, Fischer Taschenbuch 2018, ISBN 978-3-596-70319-7

MENSCHEN UND ARTIKEL, DIE MICH INSPIRIERT HABEN:

Die 5 Phasen der Liebe in einer Beziehung, Dr. Roland Weber, Artikel in „Forschung und Wissen"

Psychologin Marlies Pinnow von der Ruhr-Universität Bochum

Paul Watzlawik (1921–2007) österreichischer Philosoph, Psychotherapeut und Kommunikationswissenschaftler

Abraham Maslow (1908–1970), US-amerikanischer Psychologe, Maslowsche_Bedürfnishierarchie

FILME, DIE MICH INSPIRIERT HABEN:

Ottilie von Faber-Castell – Eine mutige Frau

Aenne Burda – Die Wirtschaftswunderfrau

Mark Gungor – Men's Brain Women's Brain

https://www.youtube.com/watch?v=uIP6f9zXtTs

MEIN BONUS FÜR DICH

Da es mir am Herzen liegt, möglichst vielen Menschen zu helfen, eine erfüllte Partnerschaft zu führen, erhältst du diesen Gutschein von mir:

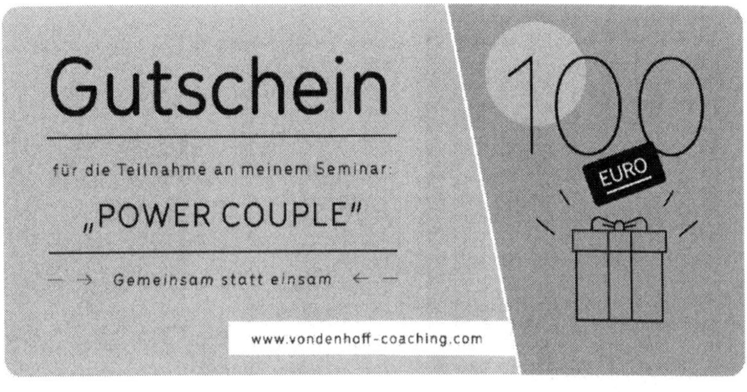

Printed in Germany
by Amazon Distribution
GmbH, Leipzig

26768816R00095